SOLDAT & VIVANDIÈRE

In-12 2me Série

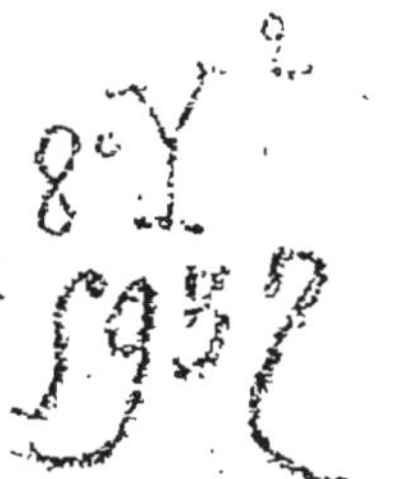

SOLDAT

ET

VIVANDIÈRE

PAR

C. BARBIER

LIMOGES

MARC BARBOU ET Cie, IMPRIMEURS-LIBRAIRES

Rue Puy-Vieille-Monnaie

—

1883

SOLDAT ET VIVANDIÈRE

I

Au fond de l'une des délicieuses vallées qui s'étendent de Dieppe à Rouen, et sur les bords d'un limpide ruisseau, se cache, comme dans un nid de verdure, un charmant hameau, Saint-Denis. Vingt huttes de terre et de boue, trois maisonnettes de briques et une petite église qu'à cent pas on prendrait pour une pauvre grange sans la croix de cuivre doré qui protége l'humble édifice, voilà Saint-Denis, *Saint-Denis-sur-Scie*; car Saint-Denis, tout fier du petit cours d'eau qui l'arrose, a joint à son nom le nom du ruisseau.

Hâtons-nous de dire que c'est à bon droit que Saint-Denis est fier de ce ruisseau, de *son ruisseau* : qui a vu la rivière du bois de Boulogne, ou la fameuse serpentine même des jardins de Londres, n'a rien vu, s'il n'a vu la Scie ; pas de cours plus capricieux, plus gracieux, pas de rives plus pittoresques, de sites plus enchanteurs.

Si jamais, jeunes lecteurs, vous visitez cette belle partie de notre France que l'on appelle la Normandie, gardez-vous bien d'oublier la Scie, gardez-vous d'oublier Saint-Denis.

L'église a l'aspect d'une grange, avons-nous dit : en effet, de pauvres murs de terre jaune, un toit de chaume, une porte à demi disjointe, voilà pour l'extérieur. L'extrême simplicité de l'intérieur répond à la pauvreté du dehors : point d'ornements, sinon un grand tableau sur le maître-autel, qui représente la légende populaire du Saint du pays, c'est-à-dire le patron de l'église des Gaules, portant sa tête entre ses mains et traversant les rues populeuses de la vieille Lutèce pour gagner le mont des Martyrs (Montmartre,) où il devait déposer son précieux fardeau : une belle statue en plâtre de la Vierge Mère, et des fleurs, des fleurs toujours belles, des fleurs toujours fraîches ; chaque habitant du pays se faisant un devoir, le samedi, de dépouiller son jardin pour parer l'église au grand jour du dimanche : aimable coutume qui doit attirer sur le petit hameau les bénédictions du bon Dieu ; car le bon Dieu n'a point égard à la valeur de l'offrande, mais au bon cœur et à la pieuse intention.

Il y a une dizaine d'années, un peintre en bâtiments, qui avait quelques notions de dessin et l'esprit assez inventif, fit vœu, si la bonne Vierge et saint Denis lui obtenaient la guérison de son premier-né, condamné par tous les médecins à dix lieues à la ronde, de consacrer pendant huit jours ses pinceaux à la décoration de l'humble sanctuaire. L'enfant guérit. L'honnête et pieux ouvrier accomplit son vœu. Depuis ce temps, les murs de boue de la petite église sont revêtus, à l'intérieur du saint lieu, bien entendu, de peintures grossières représentant des personnages gigantesques et bizarres, nous dirions grotesques, si le bon peintre n'avait gravé au centre d'une auréole qui couronne chacune de ces singulières figures : le Sauveur, la bonne Vierge, saint Denis, saint Pierre, saint Joachim, saint Anne, etc., etc.

Un autre vœu, juré, il y a près d'un siècle, par un châtelain des environs, enrichit la paroisse de Saint-Denis de la belle croix de cuivre que nous avons fait remarquer au-dessus de la porte principale, pauvre porte de bois de chêne vermoulu. Aux jours de la Terreur, cette croix fut enlevée par les mains pieuses d'un brave villageois, qui la sauva aussi des fureurs des démagogues du voisinage. Elle fut solennellement replacée quand la religion chrétienne fut enfin rendue à la France.

Au moment où commence notre récit, c'est-à-dire dans les premières années du dix-neuvième siècle, Saint-Denis était ce qu'il est aujourd'hui, il avait sa petite église aux peintures près, ses vingt huttes de terre ou environ et ses trois maisons de briques.

De ces trois maisons, l'une était le presbytère, l'autre la mairie : monuments tout nationaux.

La troisième, plus petite, plus modeste, et au fond d'un joli jardin et à quelque distance des dernières huttes du village, était la propriété d'un homme que ses vertus faisaient chérir dans tout le canton, Pierre Durand. L'estime et la vénération qu'inspirait Pierre Durand étaient telles qu'on l'avait surnommé l'*honnête homme*, et qu'on ne le connaissait guère au hameau que sous ce titre, cent fois plus glorieux que tous ceux qu'a jamais inventés l'orgueil.

On nous demandera peut-être pourquoi l'honnête homme possédait et habitait la plus belle maison du village, et qui l'avait fait si riche : la vertu seule avait assuré son avenir et son bonheur.

Voulez-vous savoir l'origine de la petite maison de briques?

Un jour, c'était sous le règne de l'infâme Robespierre, un jour, Catherine, la digne compagne de l'honnête homme, annonça en pleurant à Pierre et à son fils qu'il n'y avait plus de pain dans la huche, ni de farine au logis que pour la bouillie de la petite fille.

— Voilà le dernier, dit-elle en faisant avec son couteau une grande croix sur le pain qu'elle venait de placer devant le père de famille, car le pain sec composait tout l'ordinaire du déjeûner.

» Que le bon Dieu renouvelle le miracle qu'il a fait au temps du saint prophète Elie en faveur de la veuve de Sarepta! ajouta-t-elle en se signant elle-même et en essuyant du revers de sa main les grosses larmes qui perlaient sur ses joues pâles par la douleur.

— Ne pleurez pas, femme, dit Pierre en pressant Catherine dans ses bras ; m'est avis que le bon Dieu a toujours eu pitié de ceux qui ont mis en lui leur confiance, et ne nous dit-il pas lui-même dans son saint Evangile : Ne soyez point en souci pour le lendemain, car le lendemain aura soin de lui-même ; à chaque jour suffit sa peine.

» Après l'Évangile il n'y a plus rien à dire, sans doute, reprit l'honnête homme après un moment de silence, et pourtant j'ai besoin d'ajouter un mot encore, qui te consolera, comme il a tant de fois consolé ma mère ; car elle pleurait souvent, la digne femme : elle avait si large part de peines et de tribulations ! Mon père était pauvre, il n'avait pas toujours d'ouvrage, et nous étions cinq enfants. Oh ! il m'en souvient bien, j'étais tout petit alors, et le magister, maître Robin Duval — en prononçant ce nom, l'honnete homme se leva à demi et se découvrit respectueusement, — maître Robin Duval m'avait fait apprendre ces beaux vers. »

Dieu laissa-t-il jamais ses enfants au besoin?
Aux petits des oiseaux il donne la pâture,
Et sa bonté s'étend sur toute la nature.

« La première fois que je les récitai à la cabane, ma mère pleura d'attendrissement. Sois béni, enfant, me dit-elle, pour le bien que tes bonnes paroles me font à l'âme, et mon père s'écria : Pierre, n'oublie jamais ces vers tant que tu vivras ; la confiance en Dieu porte bonheur. Il écrivit lui-même les trois lignes sur la muraille qui touchait à son lit ; car il était bien malade alors. »

L'émotion empêcha Pierre de continuer. Un instant après, il ajouta :

« Robert, la première fois que nous irons voir ta tante d'Auffefray, je montrerai les trois vers qu'a écrit le pauvre homme. Ma sœur Marguerite, héritière de la cabane paternelle, les conserve avec soin. »

Robert était le fils de l'honnête homme, un enfant de neuf ans alors. — Robert voulut apprendre les trois vers, et Catherine les répéta après lui, les mains jointes et souriant d'espérance.

On entama le pain presque gaîment, Pierre fit de larges parts, comme il avait coutume.

— Au moins, mon homme, murmura Catherine, reprenant soudain à cette vue sa crainte et son effroi; au moins, gardes-en pour demain.

— Allons, femme, allons, tu n'es point convertie encore! le lendemain aura soin de lui-même, dit l'Évangile, et le poète :

Aux petits des oiseaux il donne la pâture.

En achevant ces mots, l'honnête homme mordit avidement dans son large *michon*.

Catherine en fit autant, après une hésitation de quelques minutes.

Robert était en retard pour l'école, il se hâta de manger, et partit en courant.

Moins d'un quart d'heure après, il rentrait, amenant un étranger, un vieillard.

— Soyez le bien-venu, mon père, dit Pierre en s'avançant à la rencontre du voyageur et en se découvrant avec respect.

— Jesus! Marie! que va-t-il nous arriver? murmura Catherine en se penchant sur le berceau de la petite Madeleine pour cacher à tous son effroi et ses larmes. Si encore il ne s'agissait que de donner à manger à cet homme! Bien que ce soit le dernier pain, tant qu'il y en a un morceau dans la huche, on n'a point le courage de repousser, sans partager avec lui, celui qui a faim; mais, à n'en pas douter, c'est un aristocrate qui cherche un asile. Pauvres gens! ils ont beau se couvrir de haillons, on les reconnaît tout de suite à leurs bonnes manières et à leurs mains blanches!

— Mon père, ce monsieur a faim, dit Robert; il n'a rien mangé depuis deux jours, et il m'a demandé, au nom du bon Dieu et de la bonne Vierge une bouchée de pain.

» Mon père, reprit l'enfant après une légère pause et comme pour s'excuser d'avoir osé amener l'étranger, mon père, c'est un vieillard, je ne suis qu'un enfant, et il m'a tendu la main... Je sais que nous sommes bien pauvres, je sais qu'il n'y a plus de pain dans la huche, plus de farine à la cabane que pour la petite sœur Madeleine, mais je sais aussi que vous avez bon cœur et que vous répétez sans cesse : Le bon Dieu rend au centuple ce que l'on donne en son nom.

Pierre n'avait point attendu la fin du discours de l'aimable enfant pour offrir son siége à l'inconnu, le siége le plus convenable de la chaumière, et un énorme morceau du dernier pain.

— Mon ami, dit le vieillard en prenant les mains du villageois dans ses mains brûlantes de fièvre et tremblantes d'émotion, j'accepte le pain, car je succombe de besoin; mais je ne resterai pas un moment de plus dans la cabane; je suis proscrit; et...

— La Providence vous a gardé puisque vous avez pu venir jusqu'à ma pauvre maisonnette, interrompit vivement l'honnête homme; mais ce serait tenter Dieu peut-être que de vous exposer de nouveau, quand un ami, un frère vous offre un asile. Les environs de Saint-Denis ne sont pas sûrs... Non, vous ne sortirez pas d'ici. Ce serait un remords qui pèserait éternellement sur mon âme, s'il vous arrivait malheur, et votre sang retomberait sur la tête de mes enfants.

— Sais-tu à quoi tu t'exposeras en me recevant sous ton toit, homme généreux! s'écria le vieillard en tombant à genoux.

— Je sais que je m'expose à la mort; mais je sais aussi que la charité m'ordonne de donner ma vie, s'il le faut, pour sauver la vie d'un frère. »

Pierre Durand apprit bientôt que le vieillard était le comte Édouard du Quesnoy ; que le malheureux s'était échappé de Paris à la faveur d'un déguisement ; qu'il errait depuis quinze jours dans les campagnes, ne sachant où porter ses pas ; que ses deux fils avaient péri, l'un en Vendée, l'autre sur l'échafaud. Le comte s'étonnait lui-même de chercher à conserver une vie qui, après tant d'afflictions et de souffrances, lui était si pénible ; mais il obéissait, presque malgré lui, à cet instinct de conservation que Dieu a mis dans le cœur de tous les hommes.

Moins d'une heure après que le comte eut été recueilli dans la cabane, de furieux démagogues, comme pour confirmer ce qu'avait dit l'honnête homme, firent une battue dans les environs et perquisition dans quelques chaumières où ils soupçonnaient que s'était retiré un bon prêtre.

Édouard du Quesnoy resta tout un mois à la cabane, et fut enfin conduit jusqu'au rivage par l'honnête homme. Un pêcheur, ami de Pierre Durand, parvint à le faire passer en Angleterre.

Avait-t-on manqué de pain à la cabane ? Le proscrit avait encore quelques pièces de menue monnaie qu'il avait partagées avec la ménagère, et l'honnête homme avait enfin trouvé quelques journées de jardinage.

Pendant quelques jours de paix qui signalèrent le commencement du Directoire, Pierre Durand apprit qu'Édouard du Quesnoy avait paisiblement achevé sa carrière sur le sol étranger. Un notaire français, retiré à Londres, fit en même temps parvenir à l'honnête homme le titre d'une rente viagère de quatre cents francs et une somme de mille francs pour élever une maison de pierre sur l'emplacement de la pauvre cabane.

Cette modeste rente et cette petite somme étaient tout ce que le comte avait pu sauver d'une immense fortune.

Puisque nous savons l'origine de la petite maison de briques de Saint-Denis-sur-Scie, nous ferons maintenant plus ample connaissance avec ceux qui l'habitent.

Dix ou douze ans ont passé depuis le petit événement que nous avons raconté, et, grâce à Dieu, nous retrouvons dans la gentille maisonnette tous ceux que nous avons vus dans la pauvre cabane, à savoir :

L'honnête homme, dont le front s'est chargé de rides, dont les cheveux ont blanchi, dont les yeux se sont à jamais éteints ; mais qui est toujours aussi charitable, aussi vertueux, aussi bon.

La bonne Catherine, qui, depuis l'aventure du dernier pain et du comte de Quesnoy, est intimement convaincue qu'une Providence sage, prévoyante et toute puissante veille avec amour sur ceux qui aiment Dieu et qui marchent avec courage dans la voie du bien. la bonne femme se fait vieille aussi et est à demi percluse des deux jambes, ce qui ne l'empêche pas de veiller au petit ménage avec zèle et intelligence.

L'aimable petit Robert, que l'on nomme Édouard, en mémoire du bienfaiteur, est maintenant un grand et beau garçon de dix-neuf ans. Il est sage et bon, plein de piété, et tout dévoué à ses parents. Il cultive le petit champ qui s'étend derrière la maisonnette, et dont le produit, joint à la rente léguée par le comte, fait subsister la famille.

Madeleine, que nous n'avons pas remarquée dans son pauvre petit lit d'osier à rideaux de percale verte, Madeleine est une charmante enfant de quinze ou seize ans.

Si nous attachons quelque prix aux agréments du visage, nous vous dirons ses beaux yeux bleus, ses longues boucles noires et son teint de rose ; mais qu'est-ce que la beauté, la beauté la plus remarquable même, comparée aux qualités du cœur ? Un mot fera comprendre, sans qu'il soit besoin de commentaires, toute la différence qui existe entre la beauté et la vertu, et combien celle-ci a d'avantages sur celle-là : la beauté passe, la vertu est immortelle.

Nous permet-on encore un regard en arrière, quelques mots sur les premières années de Madeleine Durand ?

Née avec d'heureuses dispositions pour le bien, suivant avec zèle et amour les bons penchants que Dieu avait mis en elle, entourée de vertueux exemples et désireuse d'imiter en toutes choses la noble et sage conduite de ses parents, Madeleine n'avait pas dix ans que toutes les mères la pouvaient déjà proposer à leurs filles comme un modèle parfait de douce piété, de tendre respect pour les auteurs de ses jours, d'aimable condescendance et de sincère affection pour son frère, d'ardente charité pour les pauvres.

La bonté du cœur, telle était la vertu par excellence de la charmante enfant ; et, il faut le dire, la bonté du cœur est la sœur ou la mère de toutes les vertus.

Appliquons-nous à acquérir cette vertu si charmante, la bonté du cœur, et nous serons, comme Madeleine, sur la voie de la perfection.

Madeleine n'avait jamais pu voir souffrir sans qu'elle ne souffrît elle-même d'une indicible souffrance et qu'elle ne fît tout au monde pour le soulagement des affligés.

Un jour — elle avait six ans alors, — elle vit une petite fille assise tout en pleurs sur le bord d'un ruisseau, qui, à quelques centaines de pas au-dessus Saint-Denis, vient apporter son petit tribut à la Scie. Cette enfant avait auprès d'elle une sorte de grande marmite de fer blanc dans laquelle elle portait la soupe aux moissonneurs.

— Qu'as-tu donc ? demanda timidement Madeleine en s'approchant de la petite fille.

— Mon pauvre pied ? murmura l'enfant en sanglotant plus fort et en retirant de l'eau son pied droit qu'elle avait jusque-là tenu dans le ruisseau. Viens, regarde, les cailloux l'ont déchiré à quatre endroits différents.

— N'as-tu pas de souliers ?

— Des souliers ! Je n'en ai jamais porté que pour être la marraine au petit frère, encore étaient-ils d'emprunt.

— Des sabots ?

— Ma mère est si pauvre...

— Ecoute, mes parents ne sont pas riches non plus; mais enfin, puisque j'ai des souliers, des sabots et des bas, il est bien juste que je partage avec toi qui n'as rien.

En disant ces mots, l'enfant se déchaussa, et força sa petite compagne à accepter ses souliers.

Le dimanche, l'honnête homme donnait dix sous au grand frère et deux sous à la petite sœur.

Tandis que tous les autres enfants du village, qui, comme elle, avaient chaque semaine quelque argent en récompense de la bonne conduite et du travail, dépensaient leur petit trésor en friandises, Madeleine déposait secrètement ses deux sous dans la main de quelque pauvre mère ou les portait à l'aveugle du grand chemin.

Toute jeune, instruite par le meilleur et le plus vertueux des hommes, elle savait que l'on perd tout le mérite, tout le fruit d'une bonne action, si l'on cherche à en tirer vanité; elle savait l'admirable précepte : Que votre main gauche même ignore le bien que fait votre main droite; aussi gardait-elle avec soin le secret de ses aumônes.

Un dimanche, son père lui demanda quel usage elle avait fait de son argent.

Madeleine rougit et balbutia; puis, reprenant un peu d'aplomb:

— Cet argent était bien à moi, au moins? dit-elle.

— Oui, mon enfant.

— Père, vous me l'aviez bien donné pour que j'en fisse ce qui me serait agréable?

L'honnête homme fit un signe affirmatif.

— Eh bien! père, reprit la petite d'un ton doucereux et caressant et en cachant sa tête bouclée dans le sein paternel, si vous voulez absolument le savoir, je vous le dirai; mais je serais heureuse, bien heureuse, si vous me permettiez de garder mon petit secret.

L'honnête homme embrassa sa fille avec l'effusion de la joie la plus vive. La question n'était qu'une épreuve; Madeleine était sortie victorieuse de cette épreuve ; Pierre Durand avait trouvé sa fille telle qu'il avait désiré qu'elle fût, et il remercia Dieu de lui avoir donné une enfant qui promettait, par ses aimables qualités et ses douces vertus, tant de consolation et de bonheur à ses cheveux blancs.

Pour tout ce qui ne touchait point au petit secret de ses charités. Madeleine était d'une confiance sans bornes envers ses parents : lui échappait-il une désobéissance, prononçait-elle, dans le délire du jeu, un mot défendu, manquait-elle en quelque chose aux égards et à la condescendance qu'elle devait avoir pour ses compagnes d'école ou de récréation, elle venait d'elle-même avouer sa faute à son père ou à sa mère, écoutait leurs observations avec un pieux respect, et, dans l'attitude d'une coupable, demandait pardon avec larmes, et promettait avec une ardeur indicible de veiller avec plus de soin sur elle à l'avenir.

Depuis bien des dimanches, Madeleine ne faisait plus d'aumônes et gardait avec soin ses deux sous ; l'honnête homme tremblait secrètement de voir changer le cœur de son enfant bien-aimée, quand quelque temps avant sa première communion, la petite fille demanda deux grandes permissions : élever un lapin et cultiver des fleurs dans un petit coin de deux mètres carrés environ qu'elle désigna et qui serait son jardin.

Ces récréations étaient trop innocentes pour qu'elles lui fussent interdites, et, dès le lendemain du grand jour, l'aimable enfant vida une boîte de gros sous et acheta un lapin.

Édouard s'offrit pour construire un *palais*, disait-il, un véritable palais au *Gris*.

Le *Gris*, ce fut ainsi que l'on désigna le lapin dès le premier jour ; on lui donnait le nom de sa couleur.

— O frère, que tu es aimable ! s'écria Madeleine, dont le bon cœur était transporté d'une vive reconnaissance pour le plus petit service ou la moindre attention, mais fais-moi une grande et solide maison ; car je veux que le Gris ait une nombreuse famille.

— Où veut-elle en venir ? dit l'honnête homme à la ménagère ; que fera-t-elle de tous ses lapins?

— Et de toutes ses roses? interrompit Catherine. Ce n'est pas pour son agrément, je ne puis le croire ; car elle eût varié ses fleurs, et il n'y a dans son jardin rien que des roses des quatre saisons.

— Et des bordures de persil et d'oseille, ajouta Pierre Durand.

— C'est drôle, tout de même, mon homme, qu'un tel assemblage ! Mais il y a quelque chose là-dessous, va : notre Madeleine ne songe pas d'ordinaire à son propre plaisir.

Il y avait là-dessous, comme disaient les bonnes gens, une bonne œuvre de charité : le Gris eut des petits, de nombreux petits, et un samedi, jour de marché au canton, Madeleine supplia sa mère de la laisser faire la marchande.

Le moyen de refuser quelque chose à une si aimable enfant !

Elle partit donc à Auffay, portant à un bras un grand panier de lapins, et sur sa tête une corbeille pleine de roses. En passant, elle déposa sur le seuil de l'église le plus joli, le plus gros, le plus frais de ses bouquets, et heureuse de sa pieuse offrande, elle continua son chemin.

Madeleine rentra riche à la maisonnette, et elle recommença ce manége bien des fois.

— Ma fille, il faut placer ton argent, dit un jour l'honnête homme à la charmante enfant.

Madeleine, toute tremblante et toute rouge d'émotion, passa ses deux bras au cou du vieillard, et prodiguant des caresses qui voulaient dire une prière, une ardente prière, elle murmura bien bas :

Il est placé.

— Comment, ma fille, tu as tout dépensé en dentelles pour ta mère, en tabac pour moi, en ajustements pour ton frère?

— Père, vous oubliez cette jolie robe blanche et ce beau ruban que je portais le jour de l'Assomption. C'est que je suis un peu coquette. Oh! c'est bien mal en vérité.

— Ma fille, tu le dois, parce que tu sais que cela me fait plaisir. Ton père aime à te voir *brave* les jours de fête comme les autres filles du hameau. Ainsi tu n'as plus rien ?

— Plus rien... répéta la jeune fille en redoublant de baisers et de caresses. Ce qui voulait dire : De grâce, plus de question.

En effet, Madeleine n'avait plus rien de sa vente de trente lapins et de cent bouquets de roses ; tout son petit trésor avait été placé. Mais comment !

On touchait aux derniers jours de l'automne; il faisait froid : l'aveugle Nicolas, qui, de coutume, ne manquait jamais, même les jours les plus pluvieux, d'aller mendier sur la grande route, l'aveugle Nicolas, établi chez de bonnes gens du voisinage, restait bien tranquillement et bien chaudement auprès d'un bon feu.

Qui payait sa place au foyer et à la table de famille?

La vieille Mathurine, la doyenne du pays et la plus malheureuse, misérable veuve sans enfants, sans parents, occupait un grand fauteuil de paille à côté de l'aveugle et devisait tout le jour avec lui.

A quels titres avait-elle été accueillie par des gens si pauvres qu'ils tendaient souvent la main aux voisins plus fortunés?

Deux petits orphelins, deux jumeaux, Jacques et Jean, qui avaient trouvé asile chez une bonne femme, leur tante, déjà chargée d'enfants, et ne sachant comment pourvoir à la subsistance de sa propre famille, étaient admis à l'école *payante*, et s'y montraient en sarraux bleus tout neufs et en sabots si reluisants qu'on les eût dits en bois d'acajou.

Une bonne fée, un bon génie, a donc visité le hameau ? disait-on de toutes parts.

Grâce aux indiscrétions de l'aveugle, de Mathurine et des deux orphelins, chacun sut bientôt que la bonne fée n'était autre que

Madeleine Durand. Tous déjà l'avaient nommée dans leur cœur; elle était si bonne fille, si compatissante pour le *pauvre monde*. Elle donne toujours, disait-on encore; quand elle n'a plus d'argent, elle donne des consolations et des larmes.

— Savez-vous qui soigne le paralytique d'en face? demanda un jour une bonne femme à sa voisine. Eh bien! c'est Madeleine, à coup sûr; car nous la voyons tous les soirs à la brune entrer furtivement dans la chaumière, choisissant bien le moment où elle s'imagine que personne ne la regarde, la chère bonne enfant! Savez-vous qui a tenu compagnie à Élisabeth Létevé pendant que l'on enterrait son pauvre homme? C'est Madeleine : personne ne songeait à Élisabeth; mais Madeleine ne l'avait pas oubliée. Oublie-t-elle jamais ceux qui souffrent?... Savez-vous qui a fait apprendre le catéchisme à mon dernier, qui a la tête si dure que le magister lui-même y avait renoncé? C'est encore Madeleine... et avec une bonté! une douceur! une patience! redisant jusqu'à cent fois, jusqu'à deux cents fois le même mot! Quand une main invisible semble faire du bien à quelques-uns du hameau, on peut, sans risquer de se tromper, nommer Madeleine Durand. Comme c'est beau, une telle jeunesse! Mais, dame! tels parents, tels enfants, comme dit le proverbe; le frère est bon comme la sœur, et sœur et frère sont bons comme père et mère. Ce n'est pas pour rien que Pierre a été nommé *l'honnête homme*, et tout le monde pense bien que le titre sera l'héritage de Robert. La bénédiction du bon Dieu est sur la maisonnette de briques; elle était entrée dans la pauvre hutte avec le comte du Quesnoy. C'est que Pierre risquait gros, allez! rien que sa tête et la tête de sa femme et de ses enfants. Mais la vertu et le devoir avant tout, comme il a toujours dit, et m'est avis qu'il a raison.

— Ne croyez-vous pas que, dans l'affaire du Quesnoy, il n'ait agi par intérêt, comme quelques-uns le prétendent?

— Allons donc! arrière les mauvaises langues qui osent tenir un pareil langage. Par intérêt, bon Dieu! Est-ce dans l'espoir d'un peu d'or qu'on risque sa vie? Qui d'entre nous donnerait sa tête pour une maisonnette de briques, telle jolie qu'elle fût? D'ailleurs, le comte n'avait que quarante sous dans sa poche; je le tiens de gens bien informés. Il en a donné vingt à Catherine le lendemain de son arrivée, car on avait entamé le dernier pain de la huche.

— Mais en Angleterre il avait de grands biens.

De grands biens! Comme il y a des gens qui se plaisent à inventer! Quand il y en a la hauteur de l'ongle, ils en mettent long comme le doigt; et quand la chose a passé dans deux ou trois bouches, elle se trouve longue comme le bras. Le comte Édouard du Quesnoy n'avait qu'une petite rente qu'il vendit pour vivre, et pour faire mille francs comptant et un viager de quatre cents francs à l'honnête homme. C'est la pure vérité. Sans compter que le comte n'a vécu qu'un an dans l'exil, et que si le bon Dieu eût prolongé ses jours, il fût tombé à la charge de Pierre Durand; car Pierre, le consolant au départ sur sa misère et ses malheurs, lui avait dit: Surtout, faites-moi savoir si vous manquez, et souvenez-vous que je partagerai avec vous jusqu'à ma dernière bouchée de pain.

Aussitôt après sa première communion, Madeleine avait été mise en apprentissage chez la meilleure couturière de Saint-Denis.

Toujours attentive et appliquée, toujours docile et active, elle avait fait en peu de temps les plus rapides progrès dans la couture, et, au bout de trois ans, son temps d'apprentissage achevé, elle était tout à fait capable d'entreprendre à son compte les robes à la mode normande et les grands bonnets, voire les trousseaux de mariées, les layettes et les toilettes de première communion.

Elle eut plus d'ouvrage qu'elle n'en pouvait faire. C'était à qui lui en apporterait: d'abord parce qu'on était émerveillé de son talent, et puis, et surtout, parce qu'on savait bien qu'elle ferait le plus noble emploi de son gain.

— Ecoute, Madeleine, lui dit alors son père, jusqu'ici j'ai

paru ignorer tes généreuses aumônes ; mais, aujourd'hui que tu as quinze ans accomplis, il est de mon devoir de te faire songer à l'avenir. Je ne suis pas riche, mon enfant, et depuis bien longtemps je ne puis plus travailler. La petite rente de quatre cents francs s'éteindra avec moi : je ne te laisserai donc rien, rien au monde, sinon la maisonnette que tu partageras avec Robert.

La jeune fille sourit comme pour dire : J'aurai toujours assez

— Tu me donneras chaque mois la moitié de ton gain, ma bonne fille, continua Pierre Durand, et je placerai cette petite somme pour toi. Distribue le reste en bonnes œuvres, si tu veux ; car je ne prétends point, enfant chérie, arrêter l'élan de ton bon cœur. Non, je te dirai jusqu'à mon dernier soupir : Donne, Madeleine, donne encore, donne toujours ; l'aumône n'appauvrit jamais... Qui donne aux pauvres prête à Dieu... Or, heureux, bien heureux qui a pour débiteur celui qui ne laissera pas sans récompense le verre d'eau froide offert en son nom.

Madeleine était riche pour ses pauvres : la moitié de son gain, ses lapins et ses fleurs... Les rosiers devenaient de plus en plus beaux, et la famille du Gris s'était considérablement agrandie. Le Gris n'était plus que le grand-père, grand-père qu'on se proposait de mettre prochainement à la retraite ; mais il avait deux fils, le *Blanc* et le *Noir*, et le Blanc et le Noir avaient nombreuse progéniture.

Notre Madeleine continua donc ses douces œuvres de charité, et ses quatre protégés devinrent chaque jour plus heureux. En même temps, fille toujours respectueuse, aimante et soumise, sœur affectueuse et toute dévouée, elle embellissait les derniers jours du vieux père et de la vieille mère, et entourait l'existence du frère comme d'une auréole de joie et de bonheur.

II

C'est par un soir des premiers jours de décembre 1805 que nous pénétrons dans la maison de briques de Saint-Denis-sur-Scie.

Toute la famille était réunie dans la *maison*.

On appelle la *maison*, en Normandie, la première pièce, la pièce d'entrée de l'habitation, habitation de pierre ou de bois, toit de tuile ou de chaume. Cette pièce est l'appartement principal ; elle sert tout à la fois de cuisine, de salle à manger, d'atelier de travail et de salon de réception. C'est là que vivent père, mère et enfants. On ne va dans les chambres — quand il y a des chambres ; car, dans un nombre d'habitations villageoises, la maison est le seul appartement ; le reste est réservé au bétail ou sert de cellier, — on ne va dans les chambres que pour se coucher.

Toute la famille est réunie dans la maison qu'éclaire à peine une pauvre chandelle.

L'aveugle est assis dans un fauteuil de paille, sous le manteau de la vaste cheminée. Il fait du filet. Jamais le brave homme n'a pu rester inoccupé, et ce sont ses navettes qui, trompant son ennui, lui font supporter sa cécité avec plus de résignation et de patience.

Catherine file au rouet à l'autre coin du foyer, interrompant souvent son travail, la digne femme, pour contempler son homme, son cher homme, comme elle appelle naïvement son mari, selon la coutume villageoise, et ses bien-aimés enfants.

Madeleine travaille au bout d'une petite table et bien près de la pauvre chandelle. Pour elle, elle ne lève point les yeux, et elle calcule tout bas ce qu'elle a gagné dans sa journée et l'emploi qu'elle fera de son humble gain. Plus elle fera de points, plus ses protégés seront heureux. — On n'a point oublié ses protégés, l'aveugle du grand chemin, la doyenne du hameau et les deux frères. — Et puis l'hiver est dur, bien dur, dans beaucoup de familles on manque de bois; dans quelques-unes de pain... Que de motifs pour enflammer son zèle, redoubler son ardeur et rendre sa main plus agile.

A côté de Madeleine et accoudé sur la petite table, devant un grand pot de cidre que la jeune fille vient d'aller tirer, Edouard est assis sur son escabeau, son bâton ferré encore à la main et son feutre gris sur ses genoux.

Il arrive de route et rend compte du voyage.

Il s'agit de la vente du cheval du voisin Mathurin.

Mathurin est malade au lit. Il n'a pu aller à la ville, et il a chargé de ce soin le fils de l'honnête homme. On pouvait en toute assurance demander tous les services possibles à l'honnête homme et à ses enfants; ils sacrifiaient, s'il le fallait, leurs propres intérêts pour veiller aux intérêts de ceux qui leur donnaient leur confiance.

— Et quoi de neuf à la ville? » dit enfin l'aveugle quand le jeune homme eut longuement raconté *comme quoi* Bias, — Bias, nom bien extraordinaire pour un cheval, et que tous les bons habitants de Saint-Denis-sur-Scie n'eussent jamais pu imaginer à coup sûr. Mais Bias était né dans les écuries d'un grand seigneur, et avait traîné les carrosses dorés avant d'être attelé à la charue. La Révolution, qui avait mêlé toutes les classes de la société, avait aussi changé le sort du pauvre cheval.

Nos jeunes lecteurs n'ignorent point, comme nos bons paysans normands, que Bias était un des sept sages de la Grèce, le *sage de Mitylène* ; mais ce qu'ils ne savent peut-être pas, c'est cette gentille anecdote qu'ils nous pardonneront de rapporter ici.

Priène, patrie de Bias, ayant été prise par Cyrus, tous les habitants emportèrent dans leur fuite ce qu'ils avaient de plus précieux ; Bias seul n'emportait rien. Comme on lui demandait la raison : C'est, dit-il, que je porte tout avec moi ! (*Omnia mecum porto*). Il emportait tout, en effet ; car ses richesses, bien véritables richesses, seules véritables richesses, consistaient dans la science, la sagesse, que rien ne peut enlever.

— Quoi de neuf à la ville ? demanda donc l'aveugle quand le jeune homme eut longuement raconté *comme quoi* Bias, à cause de sa cécité, n'avait été vendu que cinquante écus.

— O grande nouvelle, père, grande nouvelle ! s'écria Edouard en posant son feutre sur la table pour caresser plus librement le gros chien de Pierre, qui était venu glisser sa tête entre les genoux de son jeune maître.

— Dis donc, dirent à la fois l'honnête homme et sa femme.

— Eh bien ! reprit Edouard, le journal d'aujourd'hui contient un fameux bulletin.

— Un bulletin de l'armée ? demanda Catherine en laissant tomber sa quenouille et joignant les mains.

Catherine avait horreur de la guerre : une victoire ou une défaite, un combat quelconque, en un mot, jetait le deuil dans tant de familles ! se disait la bonne femme. Epouse et mère, elle s'associait à la douleur de toutes les épouses, de toutes les mères.

— Oui, un bulletin de l'armée. Une victoire, une *fière* victoire.

allez! mon père. En voilà un combat, un combat de géants! comme ils disent. On s'en souviendra longtemps, et je parie que nos enfants, nos petits-enfants et nos arrière-petits-enfants... Mais, interrompit le jeune homme en prenant un papier dans le fond de son chapeau, on criait ce papier de par la ville, et je n'ai pu résister à la tentation de l'acheter pour vous, père... et pour vous, mère, ajouta le bon fils après une légère pause.

— Oh! tu sais, moi, mon garçon, je n'aime pas beaucoup à entendre parler de ces choses là, dit Catherine. C'est du sang, toujours du sang; des larmes, toujours des larmes; car enfin, ceux qui tombent sous le feu, et combien il y en a qui tombent! ceux qui tombent ont tous une mère, ont des sœurs, ont des femmes, peut-être; cela fait frémir, mes enfants...

— Mère, voulez-vous que je ne lise point?

— Lis, mon garçon, lis; ton père sera content de savoir un peu ce qui se passe, et il aime tant son cher Napoléon...

— Femme, j'aime celui qui a rendu la paix et le bonheur à la patrie. Dis un peu ce que nous serions devenus sans Napoléon? souviens-toi des jours de Marat, de Danton et de Robespierre? la France l'a proclamé empereur, et la France a bien fait: empereur aujourd'hui veut dire sauveur!

» Le bon Dieu est si bon et si puissant! ajouta le brave homme en élevant au ciel ses mains tremblantes. Toujours la même bonté, toujours la même puissance: après avoir châtié son peuple, il est touché de ses larmes et lui suscite un rédempteur; ainsi autrefois, quand Israël avait péché...

— Mon homme...

— Oui, femme, bien fou qui ne reconnaîtra pas dans tout cela le doigt de Dieu, dans tout cela, dans le châtiment et le salut. Mais, lis, Edouard, lis.

— Mon père! c'est la proclamation de l'empereur à son armée sur le champ même de bataille. »

Et le jeune homme lut les lignes suivante d'une voix distincte et d'une manière qui eût prouvé, sans contester si besoin en eût été, que le titre de *savant*, qu'on lui donnait quelquefois dans le pays, était un titre bien mérité :

« Soldats,

» Je suis content de vous ; vous avez, à la journée d'Austerlitz, » justifié tout ce que j'attendais de votre intrépidité ; vous avez » décoré vos aigles d'une immortelle gloire. Une armée de cent » mille hommes, commandée par les empereurs de Russie et » d'Autriche, a été en moins de quatre heures, ou coupée ou » dispersée; ce qui a échappé à votre feu s'est noyé dans les deux » lacs... etc., etc.

» Soldats, lorsque tout ce qui est nécessaire pour assurer le » bonheur et la prospérité de notre patrie sera accompli, je vous » ramènerai en France. Là, vous serez l'objet de mes tendres sol- » licitudes. Mon peuple vous reverra avec joie, et il vous suffira » de dire : J'étais à la bataille d'Austerlitz, pour qu'on vous ré- » ponde : Voilà un brave. »

— C'est beau, murmurèrent à la fois le père, la fille et la mère.

— Oh ! oui, c'est beau ! répéta le jeune homme. Je donnerais quelque chose pour avoir été là.

— Jésus ! balbutia Catherine en joignant les mains avec angoisse.

L'honnête homme ne dit rien ; mais il laissa échapper un profond soupir.

— Ainsi, tu serais heureux, frère, si tu tombais ? dit Madeleine.

Tomber, dans le langage familier et vulgaire, veut dire tomber au sort, amener un mauvais numéro à la conscription.

— Oui et non, petite sœur ; ou plutôt non et oui : non pour le père, pour la mère et pour toi, Madeleine, car tu te mettrais aussi martel en tête, et oui pour moi.

— Jésus ! répéta Catherine.

Et, fidèle écho de sa digne moitié, Pierre Durand poussa un nouveau et plus profond soupir.

— Ainsi c'est la bataille d'Austerlitz, mon fils ? dit le père après un long silence.

— Oui, père ; les soldats l'avaient baptisée d'abord du nom de bataille des *Trois-Empereurs*, les empereurs de France, de Russie et d'Autriche. — On comprend, le premier vainqueur, et les deux autres, alliés et vaincus.

— Mon fils, lis encore.

Le jeune homme obéit.

— Et remarque, Edouard, dit Pierre après cette seconde lecture, la bataille eut lieu juste le jour anniversaire du couronnement de l'empereur. Le 2 décembre 1804, le couronnement ; le 2 décembre 1805, Austerlitz.

— On dit, reprit Edouard, que le 1er décembre, la veille au soir donc, toute l'armée avait illuminé ses bivouacs pour fêter l'empereur et célébrer l'anniversaire de son couronnement. — « Empereur, criaient les soldats, — Napoléon admettait encore ses soldats à une familiarité toute républicaine, — Empereur, nous te promettons cette armée là pour demain, pas plus tard. » — Les deux armées étaient en présence. Ces braves guerriers chantaient sous toutes les tentes : « Il nous faut donner un bouquet à sa fête. » Le lendemain, le soleil se leva radieux. — *C'est le soleil d'Austerlitz* est, pour ainsi dire, une expression consacrée maintenant dans notre langue. — « Soldats ! s'écria Napoléon en parcourant le front de l'armée, il faut finir cette campagne par un vrai coup de tonnerre !... » Et ce fut un vrai coup de tonnerre ! Les Russes prirent la fuite avec tant de précipitation qu'ils laissèrent derrière eux non-seulement leur artillerie, leurs bagages, mais encore leurs blessés. Sur les portes des granges, où ils étaient entassés, Kutusoff avait fait placer des écriteaux portant en langue française.

» Je recommande ces malheureux à la générosité de l'empereur Napoléon et à l'humanité de ses braves. »

— Arrête, mon fils, murmura le vieillard en essuyant du revers de sa main les larmes qui perlaient sous ses paupières et voilaient ses yeux éteints, arrête, c'est beau encore, c'est beau ! Attendu le bienfait, c'est d'une noble confiance et la marque d'un grand cœur; on ne demande que ce qu'on accorderait soi-même.

— Mon père, on dit encore que l'empereur d'Autriche s'est empressé de venir saluer le vainqueur. On parle de paix, d'une paix glorieuse pour la France.

— O mon Dieu, faites que ce ne soit pas un on dit, soupira Catherine. Donnez-nous enfin la paix, une bonne paix; glorieuse ou non peu m'importe, à moi, pauvre femme ; mais huit ans de paix, s'il faut que notre Edouard... S'il tombe, nous ne le verrons pas revenir à la Briquette ; mais, au moins, s'il y a la paix, nous mourrons encore contents, n'est-ce pas, mon homme?

Les habitants de Saint-Denis désignaient souvent la maisonnette de Pierre Durand sous le nom de *Briquette*, par allusion aux briques dont elle était construite.

Ce n'était pas des *on dit*; la paix fut signée bientôt après à Presbourg (26 décembre). Elle assurait l'Italie à la France. Elle faisait de Napoléon un distributeur de couronnes.

Mais cette paix ne fut pas de longue durée. L'année suivante, à la même époque, l'empereur campait avec son armée sur les bords de la Vistule, et s'écriait, le 2 décembre, second anniversaire de son couronnement, anniversaire d'Austerlitz : « Nous avons conquis sur l'Elbe et l'Oder Pondichéry, nos établissements des Indes, le cap de Bonne-Espérance et les colonies espagnoles... » Avait eu lieu déjà une glorieuse campagne qui avait anéanti la Prusse à Iéna (14 octobre 1806), et qui devait écraser la Russie à Eylau (8 février 1807) et à Friedland (14 juin 1807).

On nous saura gré peut-être d'ajouter quelques lignes aux détails donnés par Edouard Durand sur la brillante victoire d'Austerlitz :

L'Angleterre, menacée d'une descente des Français sur son territoire, avait gagné à sa cause les empereurs Alexandre Ier et François II. Ceux-ci tentèrent une diversion en faveur de leur allié d'outre-mer : ils marchèrent sur le Rhin par la Bavière. Les soldats, déjà réunis au camp de Boulogne pour l'expédition des îles Britanniques, furent aussitôt transportés en poste en Allemagne. Ulm capitula honteusement. Le vainqueur se jeta alors sur Vienne et s'enfonça dans la Moravie jusqu'à Vischau.

En traversant une plaine, il fut frappé de l'aspect du terrain. « Étudiez bien ce champ, dit-il à ceux qui l'entouraient ; il pourra nous servir plus tard. »

Peut-être il ne se doutait pas lui-même que ce serait si tôt : c'était le champ d'Austerlitz.

Les armées alliées étaient campées sur des hauteurs formidables. Ne voulant pas jouer les destins de l'empire naissant, Napoléon feignit la retraite et se replia sur ce terrain étudié à l'avance. Il y concentra toute son armée, et le Ier décembre il la rangea en ordre de bataille. Lannes avait la gauche, Soult la droite, Bernadotte le centre. Murat commandait la cavalerie rangée sur deux lignes. En réserve dix bataillons de grenadiers de la garde, quarante pièces de canon, dix bataillons de grenadiers du général Oudinot, surnommés la *colonne infernale*.

Le 2 au matin, les ennemis quittèrent les hauteurs de Prœtzen pour descendre dans la plaine. L'empereur dit alors au maréchal Soult : « Combien vous faut-il de temps pour couronner les hauteurs que l'ennemi vient de quitter ? — Une heure, répondit le maréchal. — Attendons encore un quart d'heure, dit Napoléon.

Au même instant, les détonations de l'artillerie annoncèrent que la bataille commençait.

L'armée ennemie, dit M. de Norvins, était divisée en six corps, sous les ordres de Kutusoff ; sa réserve se composait de la garde russe, commandée par le grand-duc Constantin. Dès que le maréchal Soult eut couronné les hauteurs de Prœtzen, Kutusoff sentit l'importance de la position qu'il avait si imprudemment abandonnée, et voulut la reprendre aux prix des plus grands sacrifices ; après deux heures d'une lutte acharnée, il fut forcé de nous abandonner les hauteurs avec toute l'artillerie qui les couronnait. Dès ce moment, nous occupions le centre et la gauche de l'ennemi, qui se trouvaient coupés du champ de bataille. Pendant cette terrible mêlée, le maréchal Lannes et Murat avaient attaqué avec succès la droite de l'armée ennemie, aux ordres de Bagration, et la cavalerie russe qui la soutenait ; nos cuirassiers avaient culbuté tout ce qui avait essayé de tenir devant eux. Certain que, de ce côté, la victoire ne pouvait échapper, l'empereur se dirigea sur la droite avec sa garde et la réserve, aux ordres du général Oudinot, pour aider le maréchal Soult à détruire l'aile gauche de l'armée russe ; en un clin d'œil, canons, artillerie, étendards, tout tombe en notre pouvoir. Les deux empereurs de Russie et d'Autriche contemplent cet effroyable désastre des hauteurs d'Austerlitz. C'est dans la plaine de ce nom que s'achève la ruine de l'ennemi : écrasées par l'artillerie qui plonge sur elles, acculées à un lac glacé, ses divisions périssent, déposent les armes, ou se noient en voulant fuir sur la glace qui se rompt sous leurs pas. »

La conversation que nous venons de rapporter a fait connaître les dispositions d'esprit et de cœur de chacun des habitants de la Briquette.

Pierre Durand, admirateur sincère du grand homme, de l'illustre Napoléon, se fût certainement enrôlé sous ses glorieux drapeaux, s'il eût été jeune homme ; mais il craignait pour son fils les mille et un périls des champs de bataille.

Catherine desséchait de frayeur à la seule pensée que son fils

Edouard la quitterait peut-être, appelé par le sort à combattre pour la gloire de la patrie.

— On appelle çà le sort, disait la bonne femme ; mais ce sort-là, c'est encore le bon Dieu ; car, puisque c'est le bon Dieu qui règle toutes choses, il conduit aussi la main aux pauvres enfants. On dit qu'il permet la guerre ; donc il doit vouloir des soldats. Oh ! Seigneur, Seigneur, n'enlevez point le fils de l'aveugle, l'enfant de mon amour, le soutien et la joie de nos vieux ans. Vous le voudriez, il nous faudrait le vouloir ; mais en vain je voudrais aussi ne pas mourir de douleur.»

Tous les jours, la conscription était la première pensée de la pauvre femme ; le soir, sa prière pour son Edouard était sa dernière prière ; prière fervente, ardente, et qui se prolongeait souvent bien avant dans la nuit.

Partageant en tous points les sentiments de l'honnête homme, Edouard eût été soldat depuis des années déjà, s'il n'eût eu un père, s'il n'eût eu une mère, s'il n'eût eu une sœur ; mais, fils tendre et dévoué avant tout, il sacrifiait à ce père, à cette mère, à cette sœur tant aimée, ses rêves secrets d'ambition et de gloire.

Quel cœur de vingt ans ne faisait point de rêves alors ? Et ces rêves ne semblaient-ils point légitimes, quand on avait vu, quand on voyait tous les jours des hommes nés sous le toit de chaume, partis du village le sac sur le dos, s'élever aux premières dignités militaires.

Ce n'était point pour lui que le bon Edouard se réjouissait en espérance des chevrons et des épaulettes, c'était pour ceux qu'il aimait : le père serait si heureux, la mère serait si fière, et la petite sœur paraîtrait si *brave* au bras d'un caporal ou d'un officier !

Madeleine, tout en tirant son aiguille, pensait aux larmes et à la douleur des deux vieillards, si le malheur arrivait, et à ses propres angoisses.

C'en était fait donc, les beaux jours étaient finis pour les quatre habitants de la gentille maisonnette ; chacun vivait dans la crainte, dans l'attente d'un événement que chaque jour rapprochait, hélas!

— Ah! mon homme, disait quelquefois Catherine avec amertume, si c'était encore comme du temps où nous étions jeunes; on était si tranquille alors!

— Il y a bien longtemps de cela: régnait alors Louis XV, le bien-aimé, et nous avons vu depuis de bien mauvais jours. Rappelle-toi donc Robespierre, femme, et le pauvre comte du Quesnoy.

— Sous Robespierre, je n'étais pas si malheureuse; je n'avais pas à craindre pour notre enfant.

— Mais tu pouvais trembler pour ton homme, ton homme pouvait encore porter le mousquet. C'est une providence qu'ils ne m'aient point appelé, moi aussi.

« Allons, femme, ajoutait invariablement le brave homme, et telle devrait être la conclusion de tous nos projets d'avenir, remettons toutes choses entre les mains du bon Dieu. C'est un bon père; il sait mieux que nous ce qui nous convient et ce qu'il nous faut. »

Cependant un autre malheur arrivera avant le malheur tant redouté.

Une nuit, Catherine s'éveilla en poussant d'horribles gémissements.

Aussitôt tous furent sur pied dans la maisonnette.

La pauvre femme ressentait d'intolérables douleurs dans les deux jambes.

— Je vais mourir! criait-elle avec angoisse. »

Elle ne mourut pas; mais elle souffrit ainsi pendant une semaine, deux semaines; et elle ne marcha jamais plus.

Alors Madeleine dut abandonner sa chère aiguille pendant une grande partie du jour, et, avec elle, bien des espérances de larges aumônes pour le prochain hiver: l'œuvre de charité que Dieu impose avant l'œuvre de charité que nous avons choisie, et qui est pour nous la source de tant de délicieuses jouissances.

Qu'on ne s'y trompe pas, il y a plus de véritables jouissances

2.

encore dans l'accomplissement du devoir que dans l'œuvre de choix, de quelque mérite que celle-ci nous semble couronnée. Madeleine l'éprouva bientôt, et elle fut toute surprise de trouver tant de consolation et de joie dans des soins de ménage et d'intérieur qu'elle avait cru jusque-là fatigants et ennuyeux.

Il en sera de même pour nous, chers lecteurs, si nous remplissons nos devoirs avec zèle et exactitude, et dans la vue de plaire à Dieu et à nos parents. Quand on se propose ce double motif, tout devient facile, et l'on trouve dans l'action la plus simple un bonheur ineffable. Faites-en l'expérience : Telle tâche que l'on vous impose vous semble pénible et dure, impossible même à remplir : ayez bon courage ; mettez-vous résolument à l'œuvre, en offrant à Dieu vos ennuis et votre peine, et tout ira bien.

Les pauvres de Madeleine ?

Les pauvres, en vérité, n'y perdaient rien.

Madeleine se levait une heure plus tôt, se couchait une heure plus tard. D'ailleurs, la Providence n'était-elle point là toujours secourable, puissante et bonne ? La jeune fille trouva de l'ouvrage plus avantageux : le trousseau de trois jeunes mariées.

Dirons-nous quels soins touchants le frère et la sœur prodiguaient aux deux vieillards qu'ils chérissaient avec tant de tendresse, leurs petites attentions de tous les instants ? Ces attentions, qui paraissent si peu de chose, sont la source de tant de consolation et de joie pour ceux qui en sont l'objet ! Il est si doux pour un père, pour une mère de se sentir aimés par leurs enfants et de recevoir constamment des preuves de cette affection vive et sincère ?

C'est un sentiment bien naturel, direz-vous peut-être, de chérir les auteurs de ses jours, et, seul, l'enfant dénaturé, ce monstre que réprouvent Dieu et les hommes, n'a point d'amour pour ceux qui lui ont donné la vie.

Nous dirons comme vous, chers lecteurs ; mais nous ajouterons que tous les enfants, que tous les jeunes gens, que toutes les jeunes filles ne savent point donner les témoignages de cet amour.

Il en est de l'amour filial comme de l'amour de Dieu, et vous savez qu'il est écrit : « Ce n'est pas celui qui dit Seigneur, Seigneur, qui aime véritablement ; mais celui qui fait la volonté de mon père... » Si vous ne cherchez point à vous rendre agréable à votre père, à votre mère, par votre bonne conduite, votre zèle, votre obéissance, ils peuvent douter de votre affection.

Rien de plus touchant qu'une journée de dimanche à la Briquette.

Dès le matin, on se préparait à aller à l'église.

Avec leurs petites épargnes, le frère et la sœur avaient fait une surprise à la bonne mère, à la paralytique ; car, aux souffrances aiguës que Catherine avait d'abord ressenties dans ses pauvres jambes, avait succédé un engourdissement total, puis une complète insensibilité ; ils avaient fait l'achat d'une bonne chaise roulante, une sorte de petit chariot monté sur quatre roues, et qu'on traînait au moyen d'une lanière de cuir. Les coussins dont Madeleine avait garni le siége et les parois amoindrissaient les chocs et les cahots ; à leur grand regret, les bons enfants n'avaient pu arriver à l'acquisition d'une chaise à ressorts.

Pour aller à l'église, Edouard traînait le chariot, Madeleine guidait l'honnête homme.

« Les bons enfants ! Dieu les bénira, » disaient les bonnes femmes du hameau, qui accouraient sur le seuil de leur cabane pour voir passer la petite famille.

Et chacun faisait le signe de la croix, comme à la vue d'une chose sainte.

C'est une chose sainte, en effet, que les actions si simples en elles-mêmes, mais si belles en même temps, qu'inspire la piété filiale.

Après la messe, à laquelle Catherine assistait du bas de l'église et dans son chariot, entourée, l'heureuse mère, de toute sa famille ; après la messe, le petit cortége reprenait dans le même ordre le chemin de la maisonnette.

On dînait, on allait à vêpres.

— Enfants, allez faire un tour dans la vallée, disait le père quand il avait retrouvé son fauteuil et le coin du foyer, ses amis de tous les instants.

— Nenni, père, répondait Edouard ; j'ai à vous lire deux ou trois bulletins. C'est que Napoléon les mène rudement, allez, les Prussiens.

— Lis vite, mon garçon, et après tu iras faire un tour avec la petite sœur.

— Oh ! père, après les bulletins, j'aurai bien autre chose à vous lire. Et les gazettes donc ! Le fils de Jean-Denis a été hier à la ville, et il m'a rapporté tous les journaux de la semaine.

» A moins que la mère ne veuille pas, ajoutait le bon fils en pressant sur ses lèvres la main de la paralytique ; car, mère, il faut bien que je vous prévienne qu'il y a encore des combats, des combats sanglants ; mais de la gloire, beaucoup de gloire...

— Tu sais, Edouard, ce que je pense de la gloire, moi, pauvre femme, qui suis à mes derniers jours sur la terre. Va, mon enfant, souviens-toi que la gloire n'est point indispensable au bonheur ; j'ai été bien heureuse dans ma vie, et je ne savais pas même son nom. Mais, lis, Edouard ; tant que tu n'es pas avec eux, je veux bien qu'ils se battent. Dieu m'est témoin, pourtant, que j'ai pitié, grande pitié de toutes les pauvres mères !... Je n'ai qu'un désir, c'est que cette année, votre empereur remporte cent victoires, soumette le monde... Alors, mon enfant, quand tu seras soldat, il sera las de gloire, il n'aura plus de conquête à faire...»

La bonne femme se tut, et un profond silence régna pour un peu de temps dans la maisonnette ; chacun était à ses pensées.

Si l'honnête homme, Catherine et leurs enfants eussent été *gens lettrés*, on eût pu croire que ce vers de Regnard était la pensée de chacun.

Hic tandem stetimus ; nobis defuit orbis.

Ainsi traduit :

Enfin il s'arrêta, l'univers lui manquait

On en sait la traduction véritable :

Enfin nous nous arrêtâmes, l'univers nous manquait

Ce vers fut gravé sur un rocher, bien au-delà de Tornéo, par Regnard, célèbre poète comique, à qui ses ouvrages ont assuré la première place après Molière. Il fit de nombreux voyages. L'inscription rappelée l'indique.

Toute l'après-midi du dimanche se passait donc en causeries et en lectures intéressantes. Ces lectures étaient : pour le père, les journaux de la semaine, que le bon fils avait grand soin de se procurer le samedi ; pour la mère, quelques chapitres de la sainte Ecriture et quelques prières ; pour tous, une vingtaine de pages d'un livre bien moral, bien édifiant, mais aussi bien touchant et bien beau qu'avait prêté la bonne sœur de l'école.

— Allez faire un tour dans la vallée, mes enfants, ne cessait pourtant de répéter l'honnête homme. Edouard, tu as travaillé péniblement toute la semaine ; tu as besoin d'un peu de distraction le dimanche, mon garçon.

— C'est pour cela que je reste près de vous, père ! Jugez donc que pendant six grands jours je ne vous vois qu'un instant le matin, un instant le soir.

— Mais ta sœur qui est toujours là, toujours avec deux vieillards ; ce n'est pas amusant, à son âge.

— Allons, père, disait à son tour la jeune fille, vous oubliez de dire que ces deux vieillards-là sont mon père et ma mère, et que mon bonheur est de les voir, de les posséder, de les presser à tout instant sur mon cœur. Quand je ne suis pas là, père, eh bien !

c'est tout comme Edouard, je ne me sens pas heureuse. Si j'allais dans la vallée, je dirais sans cesse : Que fait le père? que fait la mère? et je n'aurais pas un instant de joie, pas un instant de repos même.

— Oh ! le bon Dieu vous bénira, le bon Dieu vous bénira, murmurèrent à la fois l'aveugle et la paralytique ; le bon Dieu vous bénira et vous rendra le bonheur que vous donnez tous deux à nos cheveux blancs.

III

Enfin, le triste jour arriva pour les pauvres habitants de la Briquette, et il arriva dans un temps où la France, frémissante d'effroi, était plongée dans le deuil, après une victoire pourtant ; mais une victoire la plus sanglante de l'empire peut-être, Eylau.

Qui n'eût pas frémi, en effet, qui n'eût pas versé des larmes de douleur à la lecture de ces lignes officielles :

« Après la bataille, l'empereur a passé tous les jours plusieurs » heures sur le champ d'honneur ; spectacle horrible, mais que » le devoir rendait nécessaire. Il a fallu beaucoup de travail » pour enterrer tous les morts. On a trouvé un grand nombre de » cadavres d'officiers russes avec leurs décorations. Quarante-» huit heures après la bataille, il y avait plus de cinq mille Rus-» ses blessés qu'on n'avait pas encore pu emporter. On leur fai-» sait porter de l'eau-de-vie et du pain, et successivement on » les a portés à l'ambulance. »

Pauvre Catherine ! pauvre Catherine !

Edouard n'avait pas apporté à la Briquette le sinistre bulletin, mais ces lugubres paroles étaient dans toutes les bouches :

— Eh bien ! tu sais, Catherine, disaient les commères qui venaient visiter la bonne femme, tu sais, hein ! C'est horrible ! Seize généraux qu'on dit encore... 6,000 hommes qu'on dit encore... 6,000 hommes d'un coup ! Et l'empereur lui-même a été bien près de perdre la vie, ou, tout au moins la liberté. Que serions-nous devenus? Nous en aurions eu des ennemis sur le dos! Mais le bon Dieu l'a conservé à la France. »

Disons tous bas que Catherine eût désiré, peut-être, que l'on trouvât sur le champ d'Eylau un cadavre de plus, le cadavre du héros qui remplissait le monde de l'éclat de son nom et du bruit de ses armes.

Pendant plus d'un grand mois avant le tirage, on n'eût pu surprendre un sourire sur les lèvres des quatre habitants de la Briquette.

Catherine ne vivait plus.

Pierre n'avait qu'un mot à la bouche, et ce mot il le répétait cent fois le jour peut-être :

— Il n'en sera que ce que le bon Dieu voudra, et soyons bien assurés que le bon Dieu nous aime, et qu'il arrangera toutes choses pour notre plus grand bien et sa plus grande gloire.

— Oui, mon homme, murmurait Catherine avec des sanglots, le bon Dieu, tout en nous aimant, nous envoie et souvent tant de maux dans la vie! Ainsi, ce pauvre comte du Quesnoy : voir tomber l'un de ses fils dans un combat, voir mourir l'autre sur l'échafaud ! Et lui-même, à son âge, traqué de toutes parts comme une bête fauve, obligé de tout quitter, parents, amis, pour s'en aller traîner une vie misérable sur la terre étrangère. Cependant le comte du Quesnoy aimait bien le bon Dieu, mon homme.

— Que tu es lente à convertir et à croire, pauvre femme ! M. le curé ne nous a-t-il pas répété cent fois que le bon Dieu afflige ceux qu'il aime? Souviens-toi donc, Catherine, qu'il n'y a plus que cette misérable vie, mais une vie meilleure. Ceux qui auront plus souffert ici-bas seront plus heureux là-haut. Or, ici-bas nous ne pouvons compter que quelques années de souffrances, tandis que là-haut nous aurons à jouir des millions, des millions, et encore des millions d'années.

Catherine ne répondait pas. Il n'y avait pas à répondre à de tels arguments; et elle se disait tout bas : « Il faut bien vouloir ce que le bon Dieu veut. Un mauvais chiffon de papier, un pauvre numéro va décider du sort, de l'avenir, du bonheur de tant de milliers de malheureux jeunes gens! Toutes les mères font à Dieu la même prière, la prière que je ne cesse de soupirer : Mon Dieu, mon Dieu, laissez-moi mon enfant... Le bon Dieu ne peut pas exaucer à la fois la prière de toutes les mères... »

Les derniers huit jours, ce fut déchirant : un lugubre et sinistre pressentiment remplissait tous les cœurs.

Mais ni le père ni la mère ne souffraient plus que notre Madeleine. Si le frère tombait, la mère mourrait de chagrin, le père la suivrait de près dans la tombe; et elle, mon Dieu! et elle seule pour porter tant d'afflictions, pour souffrir tant de maux! La mort apparaissait alors douce et aimable à la jeune fille. Mais, non, elle ne voudrait pas mourir, si le frère n'était point mort. Qui consolerait le pauvre Édouard? qui l'attendrait à la Briquette, s'il échappait à tous les dangers, à tous les périls de la guerre : car enfin on pouvait revenir de la guerre : témoin le vieux sergent, le menestrel du hameau; témoin l'aveugle Nicolas, l'un des protégés de Madeleine. L'un comptait trois campagnes, l'autre onze batailles; tous deux avaient été en Amérique avec le marquis de Lafayette et avaient combattu dans la grande guerre de l'indépendance.

Le grand jour arriva.

Levée avant l'aurore, la famille de l'honnête homme se rendit. comme le dimanche, à l'église du hameau.

Dans l'église, la pauvre mère aperçut, flottant sur l'autel même, l'étendard impérial; elle détourna la tête avec des larmes. Mais, dans l'église aussi, elle entendit les sombres roulements du tambour et les éclats lointains de la trompette guerrière. Elle crut mourir alors, et, oubliant la sainteté du lieu où elle se trouvait, le respectueux silence que commande dans nos temples la présence du Seigneur, elle se laissa tomber dans les bras de son fils, en criant d'une voix stridente et lamentable :

— Non, je n'aurai pas le courage... Jamais, jamais, jamais... Si Dieu le voulait, je crois que j'aurais la force de résister à Dieu...

La douleur l'égarait ».

— Sommes-nous seuls ici? murmura l'aveugle en étendant les mains pour chercher la main de la pauvre femme et la presser sur son cœur.

— Mon père, dit Madeleine, il y a la pauvre mère Jean, et Jacques, son garçon, Pierre Denis, ses neveux et leur mère ; Isaurine Mathieu et son fils, son seul soutien, la pauvre femme ! Philippine Lavaux, etc...

— Catherine, dit l'honnête homme, vois donc autour de toi combien de mères! »

Ce mot apaisa à demi les transports de douleur de la digne femme ; elle pleura tout bas : tant d'autres souffraient avec elle de la même souffrance, tant de mères enduraient dans leur cœur le même martyre !

On retourna à la maisonnette après le sacrifice offert pour tous les pauvres enfants qui allaient tirer au sort. Touchant et pieux usage de nos campagnes.

— Qui me traînera quand tu ne seras plus là, mon garçon? dit Catherine.

— Moi, mère ! répondit résolument la jeune fille.

— Allons donc ! mère, dit à son tour Édouard, nous venons de prier Dieu, et vous n'avez pas plus d'espérance !

— Tu vois bien, mon fils, que ta sœur partage les pressentiments qui, depuis tant d'années, mon Dieu, navrent mon pauvre cœur !

— Il ne faut pas toujours croire aux pressentiments, fit observer l'aveugle. »

Et, craignant de donner trop d'espérance à la malheureuse mère, — la déception est chose si amère, si cruelle! — il ajouta :

— Pourtant le pressentiment est quelquefois un avertissement du bon Dieu.

— N'est-ce pas, mon homme? Et toi aussi, tu as de mauvais pressentiments, Pierre; tu ne dis rien, parce que tu crains de m'affliger; mais je te devine, va... Oh! oui, mon cœur sait comprendre ton cœur, et je puis lire sur ton visage toutes les pensées de douleur qui se pressent dans ton âme. N'est-ce pas, il tombera, notre pauvre garçon?

» Et puis, il partira, ajouta la bonne femme avec un sanglot; car, à l'heure qu'il est, on ne leur laisse pas un instant de répit aux pauvres enfants; vite, on vous les enlèvera pour vous les transporter à des cent lieues, et les mettre en face de ces maudits Autrichiens, de ces Prussiens, de ces Anglais, de ces Russes, de tous les barbares, en un mot; car tous s'en mêlent, aujourd'hui... C'est un bouleversement total, on dirait la fin du monde... »

Pendant toute la matinée défilèrent de tristes cortéges; les conscrits des hameaux voisins, étendard et tambour en tête, conduits par les autorités de chaque commune, suivis de leurs mères, de leurs pères; ceux-ci sévères et graves, celles-là peu soucieuses de faire preuve de courage, sanglotant de toutes leurs forces.

Leurs gémissements trouvaient un écho dans la Briquette, en même temps qu'ils achevaient de briser l'âme de la malheureuse Catherine.

Onze heures sonnèrent.

C'était à onze heures que le cortége de Saint-Denis-sur-Scie devait se mettre en marche pour être à Auffay avant midi.

— Père, il faut que je vous quitte... Père, bénissez votre enfant... dit le bon jeune homme en se levant et en se laissant retomber à deux genoux aux pieds du vieillard,

— Attendre ici ! Tu crois que nous aurons la force, le courage d'attendre ici, mon garçon? s'écria Catherine frémissante. Si tu veux me traîner jusqu'à Auffay, mon garçon?... Je sais bien que ce sera pour toi une grande fatigue... Ah ! mes pauvres jambes, jamais je ne vous ai regrettées comme aujourd'hui.

» Oui, une grande fatigue, une grande fatigue, » répéta la bonne femme par deux ou trois fois, car Edouard hésitait.

Et elle ajouta :

— Mais ce sera peut-être la dernière fois que tu traîneras ta pauvre mère, mon enfant.

— Ne dites pas cela, mère ! s'écria le bon jeune homme ; vous m'ôteriez tout courage, et il me faut du courage, allez ! *fièrement* du courage pour voir vos larmes, et ne pas mourir... Ne dites pas cela ; d'abord, je ne suis pas encore soldat, et, si je suis soldat, il n'y aura rien de perdu... On en revient, mère on en revient...

— Beaucoup y restent, mon Edouard, par le temps qui court, 60,000 hommes qu'on dit, à Eylau, 60,000 hommes ! Rien que cette pensée fait frémir !

— Mère, interrompit vivement le fils de l'honnête homme, pour ne point laisser à Catherine le temps de repasser tous ces tristes souvenirs, si je ne vous ai pas dit de suite que je vous traînerais à Auffay, c'est que j'attendais que le père parlât.

» Et d'ailleurs, ajouta-t-il, si le bon Dieu le veut, ce sera pour vous si triste, si affreux.

— L'attente est encore plus cruelle, mon garçon, dit Pierre ; aussi, si tu te sens la force de mener et de ramener la mère...

— Vous avez peut-être raison, père ; car enfin je ne suis pas condamné à l'avance, et s'il y a chance pour les autres, il y a chanche aussi pour moi... Il faut espérer.

— N'espérons pas, dit l'honnête homme d'un ton qui arracha de nouveaux gémissements à Catherine. »

Pourquoi espérer, en effet ? Y avait-il chance alors ? La

France était épuisée de soldats, et le temps allait venir où elle armerait tous ses enfants.

On se mit en marche.

Pierre était triste et sombre, mais il ne pleurait pas.

— Femme, dit-il à Catherine, qui poussait des cris lamentables, tu me fais regretter d'être encore du monde. Si je n'étais plus là, ton garçon, fils unique de femme veuve, serait exempt de droit. »

Ce mot calma la bonne femme.

Le petit cortége de la Briquette se joignit au cortége des habitants de Saint-Denis-sur-Scie.

La foule s'ouvrit devant l'aveugle et sa fille, le bon fils et la paralytique.

Chacun les bénit.

— Ils nous porteront bonheur, s'écrièrent à la fois les neveux de Pierre Denis, le fils de la mère Jean et celui d'Isaurine Mathieu.

— Oui, ils sont si bons, si charitables, si vertueux! répondit en chœur toute la population du petit hameau. »

Les jeunes gens entourèrent le chariot.

— Vous verrez que pas un ne tombera dans la paroisse, disaient-ils.

— Et, s'il en est ainsi, hasarda la douce voix de Madeleine, un vœu à la bonne Vierge... des guirlandes à son autel et un beau cierge, le plus beau qu'on pourra trouver dans le canton.

— Et une procession dimanche à la croix des Trois-Chênes, si M. le curé le permet, reprirent bien des voix, des voix de mère. »

Et d'autres voix soupirèrent, s'élevant des différents points du cortége :

— Un rosaire à la bonne Vierge.

Une couronne à feuilles d'argent pour la Madone, et une autre à feuilles d'or pour l'Enfant Jésus.

— Une messe aux trépassés. »

Un peu plus loin, à l'autre bout du village, le cortége se grossit encore de quelques habitants attardés et d'un aveugle conduit par deux petits garçons.

Ces deux petits garcons fendirent la presse pour pénétrer jusqu'à Madeleine.

— Elle est là, dirent-ils à l'aveugle qu'ils conduisaient.

— Ma fille, murmura l'aveugle, je savais bien que tu irais, et j'ai voulu y aller aussi, moi, et j'ai emmené les orphelins pour lui porter bonheur, au cher enfant... Si la vieille avait pu nous suivre ! mais elle a commencé son rosaire... Ma fille, j'espère que le bon Dieu te laissera ton frère, tu es si bonne et si vertueuse !... Au moment solennel, moi et ces orphelins, qui sommes comme tes enfants, puisque c'est toi qui pourvoies à tous nos besoins, nous dirons : Seigneur, elle est mère... Seigneur, nous sommes là pour vous implorer... Seigneur, voyez et contemplez ses bienfaits...

— Tais-toi, Nicolas, dit bien bas la jeune fille; si on allait Centendre.

— Eh bien, Madeleine, si l'on m'entendait, on dirait que tu es un ange, et que le bon Dieu ne saurait affliger un ange.

— Oh ! n'est-ce pas, Nicolas, le bon Dieu n'afflige point les anges, et j'ai deux anges dans mes enfants ! s'écria Catherine qui avait entendu et qui cherchait partout autour d'elle, la pauvre chère femme, un peu d'espérance.

— Le bon Dieu afflige ceux qu'il aime, dit à son tour la voix lente et grave de l'honnête homme.»

Et Catherine reprit ses sanglots, et Madeleine recommença sa prière, et chacun inclina la tête sous cette parole, qui semble dure, mais qui porte avec elle tant de consolation.

Suivrons-nous le cortége des habitants de Saint-Denis, nous presserons-nous avec eux sur la place de l'Eglise, au pied d'une estrade élevée pour la circonstance, et où siége, revêtu des marques de sa haute dignité et entouré des maires et des adjoints des douze communes du canton, le préfet du département? Restons bien près de Catherine, bien près de Madeleine, ces deux pauvres femmes si affligées, si malheureuses. La pauvre mère, elle, nous fait pitié ; elle continue à gémir dans les bras du fils qu'elle va perdre, dans les bras de la fille qui la chérit avec tant d'amour.

De toutes parts aussi ce ne sont que sanglots ; car déjà de pauvres enfants ont mis la main dans l'urne fatale et sont condamnés.

Condamnés... Quel mot nous échappe ! N'est-ce pas un honneur, n'est-ce pas un bonheur que d'être appelé à servir la patrie ? Nous avons pitié des larmes d'une mère ; mais nous flétririons celles qui baignent le visage d'Edouard Durand, si tout autre sentiment que l'amour filial les faisait couler.

Arriva le tour de Saint-Denis-sur-Scie. Arriva le tour d'Edouard Durand.

Le jeune homme, pâle et tremblant d'émotion, pressa une dernière fois sa mère dans ses bras, inclina son front sous sa main bénissante, et s'avança vers l'honnête homme.

— Tiens-le par la main, Pierre ! cria Catherine. Que le bon Dieu sache bien, s'il pouvait l'oublier, mais le bon Dieu n'oublie rien, que notre Edouard est le fils de l'aveugle et de la paralytique, le protecteur de Madeleine, la consolation de nos vieux jours et la joie de nos cheveux blancs. »

Edouard, qui s'était prosterné devant son père, prit l'aveugle par la main et gravit avec lui les degrés de l'estrade.

Un profond silence se fit dans l'assemblée...

Les mères, déjà malheureuses par la certitude que leurs fils leur seraient ravis, suspendirent leurs sanglots, faisant des vœux pour Catherine.

— Aie courage, mon fils, aie courage, dit Pierre Durand, qui sentait la main de son fils trembler dans la sienne.

— Dieu m'est témoin, mon père, s'écria le jeune homme en cherchant à maîtriser sa vive émotion, Dieu m'est témoin que ce n'est point une indigne lâcheté qui me fait préférer le repos du village aux périls des combats. Si je n'avais un père, une mère que je chéris avec tendresse; une sœur dont je veux être le soutien et l'appui, j'aurais prouvé déjà à Austerlitz, à Iéna, à Eylau, que j'aime l'Empereur et la France. Si Dieu veut que je sois soldat, mon père, je ne tremblerai point ainsi devant l'ennemi.

Mille acclamations couvrirent la voix du noble jeune homme; car tous ceux qui se pressaient sur l'estrade et autour de l'estrade avaient pu l'entendre, et ses paroles volaient de bouche en bouche.

Le pauvre enfant ! le cher enfant ! murmurait Catherine, pressée, défaillante, dans les bras de Madeleine.

Cependant Edouard avait plongé la main dans l'urne fatale...

Mon Dieu ! quel instant de cruelle angoisse !

Quelques secondes... et tout était fini, Le fils de l'honnête homme était soldat !...

— Dieu le veut ! murmura Pierre Durand en tombant dans les bras d'Édouard.

— Dieu le veut ! répéta la malheureuse Madeleine en cherchant à contenir la paralytique, dont le désespoir avait quelque chose d'effrayant.

— Mère, mère, disait encore la pieuse et bonne fille, votre douleur est affreuse, sans doute; mais vous oubliez la douleur de la bonne Vierge au pied même de la croix où expirait son fils et son Dieu. Mère, ayez courage...»

— Courage ! pour qui ? s'écria la pauvre femme dont le front était à la fois glacé et trempé de sueur, dont les joues étaient pâles, dont tout le visage était décomposé, du courage ! puisqu'il ne me reste plus qu'à mourir...»

Ce ne fut que dans les bras de son fils, de son cher enfant, que la pauvre mère retrouva des sanglots et des larmes.

IV

Plus d'un an a passé depuis le départ d'Edouard Durand.

C'était si triste, chers lecteurs, que nous avons arraché bien des feuilles à notre livre... Pourtant, vous auriez voulu voir peut-être le bon fils traîner pour la dernière fois le chariot de la paralytique à la croix des Trois-Chênes, petit calvaire s'élevant aux dernières limites de l'humble hameau de Saint-Denis-sur-Scie ; vous auriez voulu assister au pied de cette croix aux derniers adieux déchirants.

Retournons donc un peu en arrière.

— Mon fils, souviens-toi du nom de ton père, dit Pierre-Durand en pressant encore, au dernier instant, son Édouard dans ses bras. Conduis-toi de manière à hériter de son titre glorieux. O mon enfant, mes os tressailleront de joie au fond du cercueil, si je puis t'entendre nommer Édouard Durand, l'*honnête homme !* Pour le mériter, sois sage et bon... N'oublie point Dieu : celui qui oublie Dieu, oublie bien vite le devoir et quelquefois l'honneur... Respecte tes chefs comme tu respectes mes cheveux blancs. Vois dans chacun de tes chefs un père ; or, un père est l'image et le représentant du Seigneur. Accomplis ton devoir avec zèle et amour. Ton devoir, mon enfant, mon pauvre enfant, ton devoir t'imposera peut-être la mort; car un soldat doit mourir, s'il le faut, au poste qui lui a été confié... Meurs alors, Édouard, meurs en saint, meurs en héros, et l'on gravera sur ta tombe :

Ci-gît Édouard Durand, l'honnête homme... »

Catherine, la malheureuse mère, ne put dire qu'une parole :

— Bientôt, nous n'y serons plus, Édouard... N'oublie pas Madeleine. Sois alors, à la fois, à la pauvre enfant, son frère, son père et sa mère... »

Édouard partit, son sac sur le dos, ses souliers de rechange suspendus au bout de son bâton ferré; il partit par Auffay et par Rouen pour gagner Paris, et de là être envoyé... Dieu savait où. Que de fois il retourna la tête d'abord pour crier : Adieu, père; adieu, mère; adieu, petite sœur... patience et courage, résignation et espérance !... puis pour faire un dernier signe de souvenir; puis pour contempler les grands arbres qui enveloppaient le village natal comme d'un rideau de verdure; puis pour ne plus voir, hélas ! que les nuages qui, poussés du nord au sud par le vent soufflant de la mer, avaient passé sur Saint-Denis-sur-Scie avant de monter à l'horizon.

Mon Dieu ! qu'il se sentit seul et triste quand il ne vit plus rien qui lui rappelât les lieux chéris de son enfance !

Chaque pas l'éloignait de ceux qu'il aimait avec tant d'amour, chaque pas l'éloignait de la maisonnette, chaque pas...

Et que faisaient les deux vieillards ? que faisait la petite sœur ? Édouard les voyait tous trois : l'aveugle et la paralytique aux deux coins du foyer; la petite sœur allant du père à la mère et de la mère au père, pour leur prodiguer des caresses, ou tirant lestement son aiguille en essuyant des larmes sans cesse renaissantes au souvenir du frère bien-aimé.

Il entendait la conversation... ce que disaient l'aveugle, la vieille mère, la jeune fille... Oh ! ce n'était pas bien difficile. Le père et Catherine disaient à tout instant : Où est le garçon ? la gentille Madeleine : Où est le frère ? Et le nom d'Édouard se retrouvait dans tous les discours, à toutes les phrases, comme il était dans chacune de leurs pensées.

Lui aussi, le bon jeune homme, lui aussi, il pensait aux vieillards et à la jeune fille ; lui aussi, il redisait avec amour leurs noms bénis ; lui aussi, il priait comme, bien sûr, l'on priait à la Briquette : on demandait à Dieu de préserver le soldat de tout danger, et il suppliait le Seigneur de multiplier les jours du père et de la mère, afin que la petite sœur ne restât point orpheline, afin qu'il pût baiser au retour, s'il revenait jamais, les cheveux blancs de ceux qui lui avaient donné la vie.

Puis son imagination allait s'égarant : il se voyait à Paris revêtant l'uniforme de chasseurs ou de la garde, portant fièrement le mousquet, faisant des armes, rejoignant l'empereur en Allemagne, assistant à une terrible rencontre, se battant en lion, montant le premier à l'assaut des remparts de quelque forteresse, pénétrant le premier encore dans une ville ennemie, portant de toutes parts le fer et le feu, accomplissant cent et une actions d'éclats, recevant la croix des mains du maître du monde... La croix ! lui ! un conscrit de vingt ans !

Croyez-vous qu'il s'en tient là ?... Allons donc ! en si beau chemin et à vingt ans... C'était un chemin à devenir maréchal de France.

Alors il obtenait un congé, et s'en revenait consoler Pierre Durand, Catherine et Madeleine. Il revoyait et Saint-Denis, et la Scie, et le pauvre clocher de bois, et la Briquette... Il se retrouvait aux pieds du père et de la mère, dans les bras de la petite sœur... Il passait quatre mois, six mois, huit mois, une année au village, au village toujours si chéri, et dont la pensée lui arrachait, au milieu même de ses rêves les plus touchants, un long et profond soupir.

L'année suivante, il était sous-lieutenant, l'année après officier, puis il passait capitaine, puis major, puis colonel, puis général.

Il en venait alors aux ravissements, aux enchantements, lui aussi se faisait un grand nom, livrait des batailles, remportait des victoires, entrait en triomphe dans des villes ennemies, soumettait des provinces, conquérait des royaumes...

Le père, la mère, la petite sœur n'étaient point oubliés.

Les vieillards vivaient cent ans.

Quoi d'impossible ! on en avait bien vu d'autres avant eux, ils ne seraient pas les derniers, on en verrait bien encore.

Ils vivaient cent ans donc, et, dans son délire, Édouard faisait de l'aveugle un monarque, de la paralytique une reine, de la petite sœur quelque chose de plus encore ; car, aux yeux de son frère, la petite sœur était au-dessus de tout ce qui pouvait être de plus parfait... Parfois elle lui apparaissait dans ses songes sous les traits d'un ange du bon Dieu, parfois sous l'image d'une belle madone, étendant sur lui sa main puissante et secourable : comme ange, elle le protégeait à l'ombre de ses ailes.

Laissons Édouard Durand se souvenir, aimer, pleurer, prier, rêver sur le chemin d'Auffay à Rouen et de Rouen à Paris, et revenons à la Briquette.

Mais, nous vous le répèterons, chers lecteurs, c'est trop triste, et il vaudrait mieux arracher encore des feuilles à notre livre, effacer des lignes dans nos pages.

Nous avons laissé le vieux père, la vieille mère, la petite sœur au pied de la croix des Trois-Chênes.

Le père et la fille restèrent pieusement agenouillés, le vieillard la tête douloureusement inclinée sur sa poitrine, Madeleine les bras étendus vers le chemin d'Auffay, jusqu'à ce que la petite sœur et la malheureuse mère eussent dit d'une seule voix : On ne le voit plus...

— Il a bien dit, murmura l'aveugle d'un ton lent et grave, il a bien dit : Patience et courage, résignation et confiance... Que ces quatre mots soient désormais notre devise.»

Pierre Durand donna le signal du départ.

Mais Madeleine était seule maintenant pour guider l'aveugle, pour traîner le paralytique. Elle s'attela au chariot, prit le vieillard par la main.

— Pauvre fille ! s'écrièrent à la fois le père et la mère.

— Les choses ne se passeront pas comme ça, fille, dit l'honnête homme. La mère est trop lourde pour toi, mon enfant, et trop lourde pour moi aussi maintenant : hélas ! nous la traînerons à nous deux. »

Bon gré, mal gré, il fallut bien que la jeune fille laissât prendre à son père la moitié de la charge. Attelés côte côte à la chaise roulante, ils marchaient en se tenant la main.

Ils traversèrent ainsi le village pour regagner la maisonnette.

Tous ceux qui les voyaient passer leur donnaient des larmes et faisaient des vœux pour Édouard.

— Ne craignez pas, leur disait-on, il reviendra. C'est un bon fils, et le bon Dieu aime et protége les enfants vertueux...»

Madeleine redoubla de soins et d'affection pour les vieillards. Ne fallait-il pas qu'elle les aimât pour deux, qu'elle leur prodiguât pour deux ces caresses dont Pierre Durand et Catherine étaient si avides, qu'elle se multipliât, pour ainsi dire, afin que l'aveugle et la paralytique ne sentissent point trop le vide qui s'était fait autour d'eux.

Du matin au soir, on ne parlait que d'Édouard...

Où était-il ?

Que faisait-il ?

On faisait mille conjectures, et la bonne femme de soupirer avec des sanglots :

— Peut-être, à l'heure qu'il est, il court un grand danger, peut-être il est blessé, peut-être il succombe... »

Ces inquiétudes continuelles, ces craintes incessantes, ces angoisses cruelles desséchaient la pauvre femme et achevaient de miner ce qui restait de vie en elle.

Elle perdit bientôt tout sommeil.

Le moyen de dormir quand elle pensait à son Édouard, et la pensée d'Édouard ne la quittait pas.

— Ne sois point jalouse, fille, disait-elle quelquefois en pressant Madeleine sur son cœur de mère. Je t'aime tout autant que le frère. Si je parle toujours de lui, c'est parce qu'il n'est point là. Si tu nous étais enlevée, pauvre enfant, ce serait pour toi tout de même.»

On pense bien que la jalousie était loin d'un cœur tout rempli d'amour fraternel.

Avec le sommeil disparut l'appétit; la malheureuse mère ! elle ne se nourrissait que de larmes.

En un mot, elle allait s'affaiblissant chaque jour, et l'infortunée jeune fille put bientôt prévoir que ses horribles pressentiments d'avant le tirage se réalisaient et se réaliseraient avec une rapidité effrayante.

Que deviendrait-elle, mon Dieu? pourrait-elle porter le poids de tant d'afflictions, de tant de maux, et ne pas mourir!

La pensée que Dieu ne nous accable jamais au-dessus de nos forces la rassura tout à coup : pensant, la pauvre jeune fille, qu'elle n'aurait point la force de voir expirer sa mère, elle s'imagina que le bon Dieu conserverait cette bonne mère à son amour, que le bon Dieu accorderait à la brave femme de presser, une fois encore, son fils dans ses bras.

Cependant on reçut d'Édouard deux lettres datées de Paris.

Dans la première, après mille et un témoignages d'amitié, après avoir longuement parlé du père, de la mère et de la petite sœur, nom qu'il avait toujours conservé à Madeleine, il annonçait la paix de Tilsit (8 juillet 1807), qui terminait la guerre contre le roi de Prusse ; et il rendait compte d'une fête magnifique que la ville de Paris avait offerte à l'empereur et aux soldats, aux vainqueurs d'Iéna, d'Eylau et de Friedland.

Dans la seconde, il disait son départ pour le Portugal avec le général Junot.

Au traité de Tilsit, avait dû être accepté par toutes les puissances contractantes, c'est-à-dire par presque toutes les puissances européennes, le fameux système continental par lequel l'Angleterre était déclarée en état de blocus. Le Portugal, enchaîné par des traités à l'alliance britannique, ayant refusé de fermer ses ports aux Anglais, Napoléon lui déclara la guerre. Le 18 octobre 1807, une armée de 25,000 hommes, commandée par Junot, franchit la Bidassoa. Quinze jours après elle prenait ses cantonnements à Salamanque. La maison de Bragance quitta le Portugal et partit pour le Brésil. Junot, après avoir surmonté mille obstacles, entra dans Lisbonne avec une poignée d'hommes dont l'audace surhumaine terrifia les Portugais.

Édouard écrivit encore de Lisbonne.

« Chers parents, je me porte bien, et je désire que la présente » vous trouve de même, disait-il dans sa simplicité toute villa- » geoise.

» Mère, j'ai assisté déjà à bien des combats, j'y ai pris part, » et je ne suis point mort. Le bon Dieu continuera à me proté- » ger, parce qu'il veut, je n'en doute pas, me conserver à votre » amour et à l'amour du plus vertueux et du meilleur des pères. » De votre côté, cher père et chère mère, conservez-vous pour « votre enfant. Que lorsque je retournerai à la Briquette, je vous » trouve tous trois en bonne santé. Oh ! quel beau jour, celui » où je vous presserai de nouveau dans mes bras !

« On parle tout bas d'une guerre en Espagne et tout haut d'ar- » rangement et de paix. Priez Dieu pour la paix, chers parents. » Alors j'obtiendrai, j'espère, d'aller vous voir et de passer

» quelques mois avec vous. Qui sait ? si la paix se consolide, si la » paix est durable, nous ne serons peut-être plus séparés. Pa- » tience et courage, résignation et espérance.

» Rien autre chose à vous marquer.

» Madeleine, soigne bien le père et la mère, conserve-les-moi. » C'est à toi que je les redemanderai, quand je retournerai à » Saint-Denis. Prie Dieu que ce soit bientôt, cher ange, et que » nous recommencions notre bonne vie d'autrefois; nous étions » si heureux alors ! Je m'étais follement imaginé que ce bonheur » durerait toujours ; j'avais oublié que l'homme propose, mais » que Dieu dispose. Que sa sainte et adorable volonté s'accom- » plisse donc en toutes choses !...

» Adieu encore une fois, père, mère, Madeleine Pensez à » moi comme je pense à vous, aimez-moi comme je vous aime, » bénissez-moi comme je vous bénis... »

On comprend toute la joie que ces lettres apportèrent à la Briquette.

— Vous voyez bien que le bon Dieu le protége, mère, répétait Madeleine en s'interrompant à chaque phrase des lettres du frère.»

Elle lisait ces lettres jusqu'à ce que les bons vieillards les sussent par cœur.

— Hélas ! répondait invariablement la pauvre mère, qui semblait désormais fermer son cœur à toute espérance, il était bien portant quand il écrivait ces lignes ; mais huit jours, dix jours, quinze jours ont passé... Qui sait maintenant, mon Dieu ! qui sait ? A la guerre il ne faut qu'un instant. Tiens, ma chère enfant, toi qui es si tranquille, écoute un peu. Mais l'aveugle Nicolas t'a conté comme quoi son frère Joseph est mort là-bas en Amérique, n'est-ce pas ?

— Non, mère.

— Eh bien, figure-toi qu'ils étaient deux frères, Nicolas et Joseph. Pendant une bataille, chargeant côte à côte : Joseph, dit Nicolas, j'ai soif, donne-moi ta gourde ; mais Nicolas n'eut pas le temps de s'en saisir : un boulet de canon avait fait tomber l'homme et la gourde. »

L'aveugle eût craint d'affliger Madeleine, s'il eût fait ce triste récit. Mais le récit fit peu d'impression sur le cœur navré de Madeleine : rien ne pouvait plus ajouter aux inquiétudes, aux angoisses, qui dévoraient son âme. Si elle paraissait si tranquille, c'était dans l'espérance de consoler un peu, de rassurer un peu le père et la mère.

— Mère, se contenta-t-elle de répondre avec le sourire doux et mélancolique qui quittait peu ses lèvres, nous sommes tous partout et toujours sous le regard de Dieu, qui tient entre ses mains la vie et la mort... »

Mais nous le répèterons encore : Chers lecteurs, c'est trop triste...

Plus d'un an avait passé depuis le départ du conscrit.

On était en septembre 1808.

Tout présentait le même aspect dans le hameau de Saint-Denis : la petite église au toit de chaume, au pauvre clocher de bois, à la belle croix de cuivre doré ; les trois maisons de briques couvertes en tuile ; les chaumières de paille et de boue si petites, si basses, si misérables, qu'on eût dit autant de huttes réservées au bétail ; la Scie avec ses ondes bleues et transparentes, le paysage, la verdure, les fleurs...

Mais deux tombes de plus s'élevaient dans le cimetière, deux tombes couvertes de violettes et de roses, protégées par des croix de bois.

Sur l'une des croix, on lisait, tracé en gros caractères :

« Ici repose, en espérance, Pierre Durand, l'*honnête homme*, 11 février 1808. »

Sur l'autre :

« Catherine Vincent, veuve de Pierre Durand, l'honnête homme, 11 avril 1808 »

Ainsi Madeleine Durand était orpheline...

Ainsi la pauvre enfant avait vu mourir, en moins de deux

mois, les deux êtres chéris qui faisaient son bonheur, et pour qui elle eût donné sa vie tout entière.

Ainsi Pierre Durand avait précédé la malheureuse mère dans la tombe...

Ainsi, dans la Briquette, dont le toit était tout inondé de soleil et dont les murs disparaissaient à demi sous des touffes embaumées de clématite, de jasmin et de roses, habitait une sombre douleur.

Si nous pénétrons dans la maisonnette, nous retrouverons Maleine assise encore à la place où elle s'asseyait autrefois, sur la même chaise, tout près de la fenêtre et au bout de la petite table que nous savons. Elle tire l'aiguille avec plus d'agilité que jamais. Son aiguille, c'est sa consolation. En effet, c'est elle qui lui procure les seules jouissances qu'elle puisse avoir encore sur la terre, en lui permettant de larges aumônes à ses protégés et à tous ceux qu'elle sait dans le besoin.

De temps à autre, la pauvre enfant laisse retomber ses mains sur ses genoux avec une sorte de découragement. Elle porte alors un regard sur les deux fauteuils de paille qui sont encore aux deux coins du foyer, comme s'ils attendaient l'aveugle et la paralytique, et ses yeux se remplissent de larmes.

Parfois aussi elle reprend sur la petite table des lettres qui y sont restées ouvertes, en relit quelques pages, et, couvrant son visage de ses deux mains, éclate en sanglots en murmurant :

« Pauvre frère ! pauvre frère ! si encore j'étais avec lui ! Ah ! s'il faut qu'il meure, mon Dieu ! faites que je meure en même temps... Que ferais-je sur la terre sans espérance de le revoir jamais ? Si j'ai la force encore, si j'ai le courage, c'est pour lui, c'est pour qu'il ne trouve pas la maisonnette vide et désolée quand il reviendra... s'il revient... O mon Dieu ! protégez-le, protégez-moi ! »

Ces lettres sont toutes d'Edouard.

Elles portent différentes dates.

L'une annonce l'entrée de Junot à Lisbonne ;

Une autre, les troubles d'Espagne ;

Une troisième, que l'orpheline a reçue, il y a dix jours, dit la défaite de Junot à Vimeiro (22 août 1808).

Sir Arthur Wellesley, depuis lord Wellington, avait débarqué à Leyria, à vingt lieues au nord de Lisbonne, après la capitulation honteuse du général Dupont à Beylen. Ayant uni ses drapeaux à ceux des Portugais, il avait immédiatement marché sur Vimeiro, où s'était retranché le général français Junot, qui n'ayant avec lui que 10,000 hommes, avait pourtant dû accepter le combat contre 26,000 Anglais ou Portugais; ses troupes avaient fait des prodiges de valeur; mais elles avaient été accablées par le nombre. Cependant la journée de Vimeiro avait ajouté encore à la gloire du général français; son attitude avait paru si imposante, même après la défaite, qu'elle avait amené un armistice. Le 30 août, Junot avait obtenu, ne comptant pas 2,000 hommes dans ses corps, répandus sur divers points du Portugal, Junot avait obtenu de Wellesley, qui voyait sous ses drapeaux 30,000 combattants et toute l'insurrection portugaise, l'honorable capitulation de Cintra. En vertu de ce traité, notre armée avait dû évacuer le Portugal, et être transportée en France sur des vaisseaux anglais avec toute son artillerie, ses caissons et ses bagages. Elle n'était point prisonnière de guerre; à la rentrée sur le sol natal, elle pouvait reprendre sa place de bataille. Junot et ses soldats avaient quitté le Portugal comme après une victoire.

Hélas! à Vimeiro, le pauvre Edouard avait été atteint d'une balle qui lui avait fracassé l'épaule gauche.

C'était de l'hôpital qu'il écrivait à la petite sœur :

« Mais sois tranquille, Madeleine, lui disait-il, j'ai de bons
» anges qui veillent sur moi, de bons anges qui te ressemblent,
» des sœurs de Charité. Elles sont douces, bonnes, charitables,
» généreuses et dévouées comme toi.

» L'une d'elles se nomme Madeleine. Tu riras de ma simpli-

» cité peut être ; mais cette circonstance insignifiante m'inspire
» pour elle un respect et une affection que je ne saurais dire.
« Petite sœur, je lui parle souvent de toi, de ton amour fra-
» ternel, de ton dévouement pour le père et la mère quand ils
» vivaient, hélas! de tes vertus. Ayez donc bonne espérance
» mon jeune ami, me répond elle. Le bon Dieu vous bénira : il
» bénit tous ceux qui sont bons, vertueux et charitables.
» Je lui ai dit toutes nos peines, la mort de nos parents, et
» elle m'a consolé par ces douces et bien sages paroles : C'est
» tenter Dieu, mon enfant, que de lui demander un miracle.
» Or, le père et la mère avaient fourni une longue carrière, ils
» étaient accablés d'infirmités; il fallait bien qu'ils payassent
» leur tribut à la nature. — Mais, ma bonne sœur, ils sont
» morts dans le chagrin, et ils avaient vécu dans la vertu. —
» S'ils étaient bons et vertueux, ils ont eu, je n'en saurais
» douter, large part de beaux jours sur la terre. Si Dieu les a
» éprouvés à la fin, c'est qu'il voulait les rendre plus dignes
» des récompenses éternelles qu'il leur avait préparées au plus
» haut des cieux.

» Que dis-tu de ces réflexions pieuses, Madeleine? Pour moi,
» elles ont apporté à mon âme un soulagement, une consola-
» tion, une joie que je ne saurais dire. Quand je les repasse
» dans ma mémoire, et il n'est point de jour que je ne les re-
» dise en moi-même pour ne les oublier jamais, elles sont plus
» douces à mon cœur que les baumes salutaires de nos chères
» garde-malades ne sont doux à mes blessures.

» En effet, chère petite sœur, le père et la mère n'ont-ils pas
» eu une large part de beaux jours? Ne nous ont-ils pas dit
» bien des fois : Que la Providence veille sur vous, enfants,
» comme elle a veillé sur nous; qu'elle vous rende aussi heu-
» reux que nous avons été heureux.

» Leur union si admirable et si longue, leur amour mutuel,
» leur conformité de caractère et de goût, l'aisance apportée

» dans le ménage par la petite rente du comte du Quesnoy, ce
» titre glorieux d'honnête homme, l'estime, le respect et l'af-
» fection de tous, une fille telle que toi, Madeleine; n'étaient-
» ce point là des éléments de bonheur.

» Je sais bien que sont venues ensuite les souffrances du corps,
» les infirmités, les angoisses du cœur, la séparation, la dou-
» leur et la mort; mais s'ils avaient été constamment heureux,
» Madeleine, ne pourrait-on pas craindre qu'ils n'eussent reçu
» ici-bas leur récompense? Il leur fallait bien, eux aussi, ache-
» ter le ciel et ces couronnes immortelles que Dieu donne à
» ses élus.

» Pour nous, chère petite sœur, nous sommes aux jours de
» l'épreuve, du combat et de la souffrance. Mais tout cela pas-
» sera, et, si nous restons bien fidèles au Seigneur, bons et
» vertueux, nous pourrons espérer, m'a dit la chère sœur Ma-
» deleine, une récompense sur la terre et une autre récompense
» dans les cieux. Patience donc et courage, résignation et espé-
» rance.

» Ne te tourmente pas pour ma blessure. Avant de t'écrire j'ai
» consulté bien sérieusement sœur Madeleine sur mon état. Elle
» m'a dit : Ce n'est rien, Edouard, et il faut vous attendre à
» pire que cela encore sans que mort s'en suive. Dans deux ou
» trois mois d'ici, vous serez plus fort et plus vaillant que jamais,
» et vous retournerez au régiment. En sortant de l'hôpital, si
» les affaires ne sont pas bien graves, vous pourrez peut-être
» obtenir un congé; mais n'y comptez pourtant pas, mon jeune
» ami, car le grand homme vous taille nouvelle et dure besogne
» au moment où l'on s'y attend le moins.

» N'y comptons donc pas, Madeleine; d'autant plus qu'on dit
» que tout ne va pas bien du côté d'Espagne.

» Mais adieu, dieu, petite sœur.

» Cent fois merci pour les deux violettes que tu m'as envoyées,
» et qui avaient fleuri sur les tombes chéries, cent fois merci

» pour la mèche de cheveux du père, de la mère et de tes propres cheveux. Je porte tout cela sur mon cœur. Sœur Madeleine m'a dit que ce sont de précieuses reliques, et qu'en les contemplant avec vénération et amour, je dois prier Dieu de ressembler à l'honnête homme, à notre vertueuse mère et à toi, Madeleine.

» Adieu... encore une fois. Patience et courage, résignation et espérance; car le bon Dieu nous bénira. »

Cette lettre si simple, si naïve, si pleine de piété et de tendresse, était à la fois pour la triste Madeleine un encouragement et un motif de nouveau chagrin. Elle lui avait apporté la douleur et la consolation, de cruelles angoisses et l'espérance. Le frère était blessé, le frère souffrait, pouvait-elle avoir un instant de repos? Sœur Madeleine avait bien dit qu'il n'y avait rien à craindre; mais si sœur Madeleine se trompait, si le frère allait mourir...

Ah! qu'elle enviait sœur Madeleine! que n'était-elle sœur Madeleine pour voir le cher blessé et lui prodiguer ses soins et ses consolations?

Vingt fois le jour, elle relisait la lettre chérie, la baisait avec un pieux transport, l'arrosait de larmes brûlantes; et vingt fois le jour, elle répétait aussi : Que ne suis-je sœur Madeleine?

Mais qui m'empêcherait, se dit-elle enfin, qui m'empêcherait d'être une autre sœur Madeleine? qui m'empêcherait de quitter le hameau, de renoncer au monde, de revêtir la robe de bure, de me faire sœur de charité.

Le cœur de la jeune fille tressaillit doucement à cette pensée : elle aimait tant le bon Dieu, elle aimait tant les pauvres! Elle se consacrerait ainsi à la fois à Dieu et aux pauvres; elle appartiendrait à Dieu et aux pauvres.

Mais elle ne serait plus à son frère, à ce frère qu'elle aimait plus qu'elle-même, qu'elle aimait plus que sa vie.

Sœur de charité, se dit-elle encore, je pourrai veiller sur lui tant qu'il courra quelque danger, quelque péril. Quand il sera tranquillement établi à la Briquette, qu'il aura une bonne femme et de jolis enfants, il n'aura plus besoin de moi. Sûre alors de son bonheur, je continuerai en paix et avec amour ma douce mission de servante de Dieu et des pauvres.

Madeleine sourit au milieu de ses larmes. Son dévouement et son amour pour le frère seraient ainsi si nobles et si purs...

Mais elle se souvint bientôt que les premiers devoirs d'une sœur de charité sont l'obéissance et le sacrifice des affections de famille ; elle se souvint que toutes les sœurs de charité ne sont point envoyées aux armées, et, s'écriant : Quel dévouement sublime! quelle abnégation! quelle vertu! elle sentit qu'elle n'en avait point le courage.

Il lui fallut donc attendre le frère dans la maisonnette. Sa solitude et son isolement lui étaient bien pénibles, bien cruels : le bon Dieu le voulait ainsi.

Un instant, elle eut la pensée de prendre avec elle l'aveugle et la pauvre vieille pour qui elle payait une petite pension dans une chaumière du hameau. Mais les soins que leurs infirmités exigeaient absorbaient tout son temps, et, ne travaillant plus, elle ne pourrait subvenir à leurs besoins.

Elle resta seule donc, redoublant d'ardeur et de travail, prolongeant ses veilles bien avant dans la nuit, vivant de privations et de larmes. Ses privations, hélas! allaient chaque jour s'augmentant, et pourtant ses aumônes devenaient chaque jour aussi moins abondantes. La pauvre fille n'avait plus que son aiguille pour vivre, et, quand l'ouvrage manquait, quand la fatigue ou la souffrance, suite de la fatigue et de l'épuisement, la forçait de suspendre ses veilles!...

La rente constituée à Pierre Durand par le comte du Quesnoy s'était éteinte avec l'honnête homme. La pauvre Catherine avait survécu près de deux mois à son *cher homme*, et sa dernière maladie avait exigé tant de dépenses que toutes les petites épargnes des deux époux y avaient passé.

La maisonnette était bien garnie, il est vrai. Mais quelle douleur si, pour vivre, l'orpheline était obligée de vendre un à un les meubles ou les petits ornements de la maisonnette! Ces meubles, ces ornements étaient comme autant de souvenirs du père et de la mère, comme de vieux amis, comme des reliques...

Et puis, Madeleine voulait que le frère, quand il reviendrait, retrouvât toutes choses comme au départ : ce serait pour lui une consolation, une joie, un bonheur...

Si elle eût été bien sûre qu'il ne revint qu'à l'expiration de ses sept ans de service, elle eût abandonné pour un temps la jolie maisonnette de briques à quelque *richard* des environs, et se fût retirée dans une pauvre hutte qu'elle eût élevée de ses mains, sur les bords de la Scie et tout près de l'église et du cimetière. Mais le frère pouvait revenir plus tôt : la Providence est si bonne et si puissante! et quel serait son chagrin de trouver des étrangers assis sous le toit paternel, à l'entour de la vieille table de famille, et remplissant de bruit et de gaîté les lieux où les parents chéris étaient morts, où avaient coulé tant de fois les pleurs de la triste orpheline.

Non, non, se dit Madeleine, c'est ici qu'il m'a laissée, c'est ici qu'il me retrouvera, s'il revient jamais... O mon Dieu! rendez-le-moi, ou donnez-moi la patience et le courage, la résignation et l'espérance.

V

C'était par un beau soir du mois d'avril 1810, un samedi.

Madeleine, épuisée de fatigue, de travail, de privations, d'angoisses et de souffrances, languissait sur un lit de douleur. On l'eût reconnue à peine, tant son visage était allongé et amaigri, tant ses yeux étaient caves et ses lèvres pâles.

Auprès d'elle, sur une table, on voyait son ouvrage ; car, malgré la faiblesse et la fièvre qui la dévorait, elle avait voulu essayer quelques points.

Sous ces doigts effilés et tremblants, elle roulait doucement les grains bénits du rosaire que le père et la mère avaient tant de fois baisé à leur dernière heure, et, de l'autre main, elle prenait les lettres d'Édouard avec une sorte de tendresse et tout comme elle eût pressé la main du frère.

Inutile de dire que la bonne sœur Madeleine ne s'était pas trompée, et que, quelques mois après la défaite de Vimeiro, le jeune soldat, parfaitement remis de sa blessure et ayant vainement demandé un congé, était parti pour l'Autriche, où s'était rallumée une guerre acharnée et sanglante.

4.

Au mois d'avril 1810, cette mémorable campagne était depuis longtemps terminée.

L'Autriche, trois fois vaincue par l'empereur, avait repris les armes le 27 mars 1809. Napoléon s'était alors précipité sur l'Allemagne comme un torrent, et les hostilités avaient commencé dès le 29 avril. Le 22, la bataille d'Eckmuhl avait été gagnée. Le premier bulletin avait annoncé six victoires. Le 10 mars, le héros était entré à Vienne. Le 22 mai, la bataille d'Essling, sur le Danube, avait été sanglante et terrible. Là, Napoléon s'était exposé comme le dernier de ses soldats; là étaient morts Lannes et le brave Saint-Hilaire.

Mais passons, passons sans nommer vingt combats peut-être, vingt victoires, passons au dernier et plus beau triomphe de cette immortelle campagne, achevée en moins de trois mois, Wagram (6 juillet); Wagram, dont le plan avait été conçu dans ce même palais de Schœnbrunn, qui devait voir s'éteindre, sans gloire, quelques vingt ans plus tard, l'héritier du grand nom de Napoléon; Wagram, où le héros déploya toutes les ressources de son étonnant génie, et où Masséna, Macdonald, Oudinot et Marmont firent des prodiges de valeur; Wagram, l'une des plus brillantes victoires des temps modernes, mais aussi l'une des plus meurtrières, comme le témoignent ces lignes tracées sur le champ même de bataille : « Les restes de notre armée sont à la poursuite des débris de l'armée autrichienne. »

Ce nom de Wagram nous rappelle une gentille anecdote que nos jeunes lecteurs apprendront peut-être avec plaisir, et en faveur de laquelle ils nous pardonneront notre dernière page toute pleine de sérieux.

La veille de la bataille, pendant la nuit, Napoléon, s'éveillant tout transis au bivouac de Wagram, s'avisa, lui qui ne fumait jamais, de demander une pipe. Le colonel Pitowski fumait la sienne, le dos tourné, et n'osait l'offrir. Mais à la fumée le monarque le devina, et la lui prit moitié riant, moitié grondant, car il était sévère sur l'étiquette. A peine eut-il pompé une bouffée qu'il fit une grimace horrible, et jeta la pipe à cent pas. Le colonel s'élança pour la ramasser, et dit en la serrant sur son cœur : Elle ne me quittera qu'avec la vie. L'empereur l'entendit, prit d'abord un air étonné, puis attendri, et lui tendit la main en souriant.

En novembre 1815, Pitowski obtint de rejoindre Napoléon à Sainte-Hélène. Il arriva le 10 novembre au pauvre rocher de l'exil, courut de James'Town à Longwood, dont l'empereur était allé, ce jour-là, visiter les travaux. En l'apercevant, le colonel s'élança et tomba à ses pieds presque évanoui. Napoléon le soutint. Mme Bertrand lui fit respirer des sels.

— Comme il est pâle ! Il étouffe, disait l'Empereur. Allons ! Pitowski, du courage ! »

On l'assit au pied d'un tamarin.

En ouvrant son dolman, une pipe, une pauvre pipe de terre brune tomba. L'empereur la ramassa, et la tenait encore entre ses mains quand le colonel revint à lui. Un regard échangé retraça sur-le-champ à l'empereur un pénible et glorieux souvenir.

— Oui, dit Pitowski en soupirant, c'est encore elle ; mais où est Wagram ? »

L'empereur lui prit tendrement la main, et lui montrant le ciel avec autorité :

— Dans le livre qui est écrit là-haut, dit-il, et l'ingratitude des hommes ne pourra l'effacer. »

On sait que la guerre d'Autriche se termina par le traité d'Augsbourg ou de Vienne (13 octobre), traité glorieux qui donna à la France les provinces Illyriennes et la main de Marie-Louise, fille de l'empereur François II, à l'heureux soldat.

Le mariage venait d'être béni à Paris (10 avril 1810). Il avait été l'objet de fêtes magnifiques, fêtes célébrées dans toute la France avec un joyeux enthousiasme.

Il n'y avait point eu jusqu'au hameau de Saint-Denis sur-Scie qui n'eût eu sa part de *Te Deum* solennel, de décharges d'armes à feu et d'illuminations.

Sur les petites fenêtres de la Briquette et au milieu des clématites, des jasmins et des roses, on pouvait voir encore les restes de deux chandelles qui avaient brûlé le soir du 10 avril, en guise de lampion et en signe de réjouissance.

La lumière des chandelles qui, pendant plusieurs heures, s'était projetée, vacillante et pâle, de l'intérieur de la maisonnette, avait réellement réjoui le cœur de l'orpheline. Le mariage de l'empereur avec la fille des Césars, c'était peut-être le prélude d'une paix durable, et la paix pour notre pauvre jeune fille, la paix, c'était le bonheur. La paix ne lui rendrait-elle point le frère tant aimé, le frère tant pleuré ?

Mais nous avons oublié, et n'était-ce point la chose la plus intéressante :

A Wagram, Édouard Durand, le fils de l'honnête homme, avait été décoré sur le champ de bataille et de la main même de l'empereur.

Dirons-nous l'emphase avec laquelle le bon frère avait annoncé cette heureuse nouvelle à la petite sœur. Pourtant le jeune homme n'en avait nul orgueil : Toute la gloire en était à Dieu, disait-il, et lui avaient obtenu cet insigne honneur, disait-il encore, les larmes de la pieuse mère, les vertus de l'honnête homme et les prières de la pauvre petite sœur.

Tandis que notre Madeleine récitait son rosaire, l'un des jumeaux, ses protégés, entra doucement dans la maisonnette, s'assit sur la chaise qu'occupait de coutume l'orpheline dans l'embrasure de la petite fenêtre, et ouvrit son catéchisme, dont il lut quelques pages, s'interrompant de temps à autre pour jeter un regard d'inquiétude et de tendresse sur sa chère bienfaitrice.

Depuis deux mois que Madeleine était obligée de garder le lit et de vivre, hélas ! de la charité des voisins, après avoir vendu un à un les ajustements qui, au temps de son bonheur, la faisaient si *brave*, simples robes de percale blanche, quelques rubans, un tablier de soie ; les jumeaux venaient à tour de rôle passer la nuit à la Briquette et couchaient dans le petit cabinet, autrefois la chambre d'Édouard, et où le jeune conscrit avait fait de si brillants rêves d'avenir.

Dans la journée, les voisins la soignaient ; celle-ci lui faisait son lit, celle-là lui préparait sa tisane ou les médicaments prescrits par le docteur ; d'autres venaient causer quelques minutes pour la distraire. Il n'était pas de jour non plus que M. le curé et la bonne sœur de l'école ne visitassent la Briquette, pour encourager et consoler la malade.

Madeleine se mourait de langueur, langueur causée par l'excès de travail, les veilles trop prolongées, les jeûnes trop fréquents, mais commandés, hélas ! par la nécessité, les perplexités incessantes. Elle sentait qu'elle avançait à grands pas vers la tombe, et elle ne regrettait la vie que pour le frère...

— Pauvre frère ! quand il reviendra, murmurait-elle quelquefois avec des larmes, et qu'il trouvera la Briquette fermée, la Briquette vide et désolée... »

Souvent elle ajoutait tout bas :

— Mon Dieu ! que votre volonté soit faite ! mais, si je m'en vais, il vaut mieux peut-être qu'il ne revienne pas... »

Plusieurs fois, elle avait écrit à Édouard ; mais elle s'était bien gardée de lui dire son état d'indigence et de maladie ; de lui laisser soupçonner ses inquiétudes, son anxiété, ses angoisses. Elle affectait, au contraire, dans ses lettres une gaîté qui était bien loin de son cœur, hélas ! Mais pouvait-elle ajouter aux peines et aux maux du frère ?

— Jean, dit la jeune fille, quand elle eut achevé sa longue prière, c'est aujourd'hui samedi, et le samedi, tu sais, on dépouille les jardins pour parer les autels au beau jour du dimanche, le jour du Seigneur. Va donc, mon enfant ; cueille tout ce que tu trouveras dans les parterres : n'épargne rien : c'est pour le bon Dieu et le bon Dieu seul que s'épanouissent les fleurs dans le jardin de l'honnête homme.

» De l'orpheline, reprit Madeleine avec un soupir.

» Ecoute bien, mon enfant, ajouta-elle un instant après, tu feras deux bouquets, l'un de fleurs blanches pour la bonne Vierge, l'autre de toutes sortes de fleurs pour le bon Dieu. Dans ce dernier, tu prendras deux pensées et deux branches d'immortelle que tu attacheras à la croix qui porte le nom de notre mère, et deux roses que tu déposeras sur la tombe de l'honnête homme, une pour Édouard, l'autre pour moi. Il aimait tant les roses, le pauvre père !

» As-tu compris, mon pauvre Petit-Jean, reprit-elle voyant que l'enfant semblait attendre encore.

— Oui, Madeleine ; mais me permettras-tu de prendre deux roses encore et deux branches d'immortelle pour la tombe du père et de la mère des jumeaux ?

— Le bon Dieu te bénira, Jean, murmura l'orpheline en embrassant le petit garçon, le bon Dieu te bénira, si tu es fidèle au pieux souvenir de ceux qui t'ont donné la vie et au grand devoir de la reconnaissance. Celui qui n'oublie pas un bon père, une bonne mère, reste sage et vertueux. Oui, mon enfant, prends des fleurs, et répands-les sur la tombe où tu t'agenouilles chaque dimanche avec ton frère. Chaque fois que tu iras au cimetière désormais, passe par le jardin de l'orpheline. Mais hâte-toi, mon enfant, la nuit se fait sombre, et l'église pourrait être fermée. »

L'enfant partit en courant, et Madeleine reprit son chapelet.

Jean cueillit ses fleurs, forma ses bouquets, se rendit à l'église, et de là au cimetière.

Le cimetière s'étendait derrière le temple rustique... Le temple était comme l'entrée du champ du repos.

Touchant et pieux symbole ! Nous vous ferions part des réflexions que cette circonstance fait naître en notre âme, si la nuit ne se faisait sombre et si, comme Petit-Jean, nous n'étions fort impatients de rentrer à la Briquette. D'ailleurs, nous avons affaire à lecteurs intelligents.

Quelle ne fut pas la surprise de l'enfant de voir un homme enveloppé dans un sombre manteau, prosterné à deux genoux sur la tombe de l'honnête homme.

Souvent les habitants du hameau venaient répandre des fleurs sur cette tombe vénérée de tous comme le sanctuaire où reposait un saint patriarche ; mais c'était les jours de fête, les jours consacrés par quelque solennité pour les trépassés, et comme un hommage public, une sorte de culte rendu à la mémoire de l'homme de bien qui avait passé sur cette terre, marquant chacun de ses pas par un bienfait.

Jean s'approche cependant et laisse tomber les deux roses au pied de la croix de bois.

Au bruit qu'il fit, bien qu'il s'efforçât de rendre ses pas légers afin de ne point troubler l'étranger dans sa méditation ou sa prière, l'inconnu releva lentement sa tête, inclinée sur sa poitrine dans l'attitude de la plus profonde douleur.

—Enfant, qui es-tu? demanda-t-il d'une voix qui fit tressaillir le jumeau.

— On me nomme Jean, dit l'enfant; Jean l'orphelin.

— Ces deux roses?

—L'une pour le frère, l'autre pour moi, m'a dit Madeleine.

— Tu connais Madeleine?

— Ah! si je connais Madeleine! Il faut que vous veniez de bien loin pour ne point savoir que Madeleine Durand, la fille à l'honnête homme, est la protectrice et la mère des orphelins, de Nicolas l'aveugle et de la mère Jean, la doyenne du hameau.

—Madeleine est à la Briquette? demanda l'étranger d'une voix tremblante.

L'enfant fit un signe affirmatif.

—Pourquoi n'a-t-elle point apporté les deux roses?

—Ah! elle est malade, dit Jean en hésitant, car il commençait à comprendre que celui qui s'informait ainsi de Madeleine, ne pouvait être que son frère.

— Madeleine malade !... s'écria Édouard en se levant brusquement, Madeleine malade !... Ah ! mes pressentiments ne m'avaient donc pas trompé ! c'était pour cela que mon cœur battait si fort quand j'ai mis le pied sur le seuil de la Briquette, que ma main a tellement tremblé quand j'ai voulu soulever le loquet de bois, que je n'ai point eu le courage, que je n'ai point eu la force ! Madeleine... Madeleine... Oh ! mon Dieu ! mon Dieu !

» Dis-moi, Jean, dis-moi bien la vérité, reprit le bon frère en pressant l'enfant dans ses bras, Madeleine est-elle bien malade ?»

L'orphelin répondit par un sanglot.

— Et le docteur?... a-t-elle vu le docteur? Oh ! mon Dieu ! mon Dieu !

— Le docteur vient à la Briquette toutes les semaines, il dit qu'il est inutile de venir plus souvent ; parce qu'il n'y peut rien.

— Il n'y peut rien ! Elle est donc bien malade?

— Elle a tant travaillé et tant pleuré cet hiver ! soupira l'enfant. Pour nous donner du bois, des sabots et des vêtements, elle a eu si froid ! pour nous donner du pain, elle a tant de fois jeûné, qu'on dit; car vous pensez bien que Madeleine ne veut pas avouer tout cela. Et maintenant, c'est pour son frère qu'elle pleure chaque jour, comme s'il était au cimetière ; c'est pour l'aveugle Nicolas, c'est pour la mère Jean ; c'est pour les jumeaux qu'elle va peut-être mourir...

— Mourir ! Madeleine, mourir ! répéta cent fois Édouard Durand, qui s'était de nouveau prosterné sur la tombe de l'honnête homme. Madeleine, mourir !... Oh ! non, c'est impossible, c'est impossible... Et moi qui étais si joyeux, si heureux de revenir au pays !... Mais aussi, c'est bien vrai ; j'ai eu comme un coup au cœur quand j'ai aperçu le toit de la Briquette ; quelque chose m'a comme repoussé quand mes pieds ont touché le seuil et que ma main s'est posée tremblante sur le loquet.

» Et je suis venu ici, ajouta le jeune homme avec tant de douleur que le jumeau se mit à pousser des cris lamentables, et je serais resté ici toute la nuit sans avoir le courage de retourner sur mes pas si personne, ce soir, n'eût visité le cimetière. »

En effet, Pierre Durand avait erré longtemps, à la tombée de la nuit, autour de la maisonnette. Par trois fois, il s'était approché du seuil, par trois fois, il s'en était rapidement éloigné; puis il était venu dans le champ du repos; puis, après une courte prière sur la tombe du père, sur la tombe de la mère, il avait parcouru le funèbre jardin, lisant avec un indicible effroi l'inscription que portait chaque croix nouvelle; car quelque chose semblait lui dire au fond du cœur qu'il y pourrait bien trouver le nom chéri de Madeleine.

Il se fit un long silence.

— Elle est seule, dit l'enfant: il faut que je retourne à la Briquette.

— Allons! murmura le soldat en faisant sur la tombe de l'honnête homme un dernier signe de croix, écoute, Jean, tu entreras seul auprès de Madeleine; car me voir, sans m'avoir attendu, pourrait la faire mourir de saisissement et de bonheur. Tu entreras donc seul et tu lui diras...

Le jeune homme hésita.

— Que faire dire à Madeleine pour ménager sa faiblesse et la préparer au bonheur ?

» Mais je vais aller trouver monsieur le curé, reprit-il aussitôt; monsieur le curé ira voir Madeleine...

— Oh! s'écria l'enfant, si elle allait s'imaginer que c'est monsieur le curé qui vous a fait venir afin qu'elle mourût dans vos bras! Elle dit toujours à monsieur le curé, aux voisins, à l'aveugle, à nous autres: Je mourrai sans le voir, allez; car je mourrai bientôt. Je sens la vie qui m'échappe; je sens la vie qui s'éteint en moi. Tout le monde de lui dire : Non, Madeleine, tu ne mourras pas. Tu es si jeune, et il y a tant de vie dans le cœur d'une jeunesse ! Sois tranquille, tu reverras le frère ; il reviendra au village, et toi, tu guériras et tu seras encore heureuse. Si vous la voyiez alors sourire d'un sourire étrange et amer et balancer sa tête si pâle, comme pour dire : Vous vous trompez ; mais moi, je ne me trompe pas... N'allez donc pas chez monsieur le curé, venez-vous-en plutôt bien vite à la Briquette. Elle vous aime d'un si grand amour, que vous revoir seulement la rappellera peut-être à la vie..

— Tu as raison, enfant, dit le soldat en reprenant sa marche un instant suspendue. Tu entreras donc seul auprès d'elle, et tu lui diras que le fils à Mathurin Colas, d'Auffay...; tu sais, Mathurin Colas, le métayer...

— Si je sais ! On dit que Pierre Colas, le fils à Mathurin, n'a que les chevrons, tandis que vous, vous avez les chevrons et la croix.

— N'importe, n'importe, enfant ! La gloire n'est point le bonheur... Pierre, qui n'a pas la croix, est cent fois plus heureux que moi qui la possède : Il a retrouvé le père et la mère gais et contents ; sa sœur, qui s'est mariée en son absence, lui a présenté au retour deux jolis enfants, deux petits jumeaux comme vous autres... Et moi, malgré ma croix, je suis triste, malheureux, j'ai le cœur plein d'angoisses et de douleur... Ah ! je les donnerais de grand cœur, ma croix et mes chevrons, achetés pourtant au péril de ma vie, je les donnerais de grand cœur à qui me viendrait dire : Madeleine te sera rendue... Madeleine ne mourra pas... »

Le jeune homme se tut, et il se fit un nouveau silence.

On approchait de la Briquette.

— Que dirai-je donc à Madeleine ? demanda l'enfant ; car il ne vous faut entrer ni tout seul, sans qu'elle soit préparée, ni avec monsieur le Curé. Un tel coup la ferait mourir. « La pauvre enfant, disait l'autre jour Nicolas, l'aveugle, elle nous dit bien, je m'en vais, je me meurs; mais il y a encore au fond de son âme une espérance ; et si on lui laissait voir qu'elle ne se trompe pas.. Nous sommes tous comme cela », qu'il disait encore...

« Mais elle vivra, n'ayez point peur, mon caporal, reprit vivement l'enfant, elle vivra, puisque vous voilà revenu au village. N'allez point croire que ce soit mon idée à moi, c'est l'idée de tout le monde, si bien qu'on entend dire de toutes parts dans les chaumières : « Ils feront tout ce qu'ils voudront pour Madeleine; mais tout ce qu'ils feront n'aboutira à rien tant qu'ils ne lui rendront pas son frère. » M. le curé a eu la même pensée. Il en a parlé aujourd'hui même au docteur, et il allait vous écrire pour vous dire la maladie de Madeleine, et écrire aussi à vos chefs pour vous obtenir un congé. « Si nous ne réussissons pas ainsi, avait dit encore ce bon M. le Curé, car il est bon comme le bon Dieu qu'il représente, nous adresserons une pétition à l'empereur, et nous la ferons signer par tous les habitants de la paroisse. Tous les habitants de la paroisse sont intéressés à la conservation de Madeleine : Madeleine, c'est le bon ange du hameau. »

Edouard pleurait de joie et de douleur en entendant de telles paroles : de joie, Madeleine était si bonne, si vertueuse, Madeleine était tant aimée ! de douleur, Madeleine, sa Madeleine si chérie, s'il allait la perdre, la perdre à jamais.... Mais, non, il le sentait, il ne la perdrait pas : son cœur lui disait que si Madeleine vivait, il vivrait; que si Madeleine mourait, on l'ensevelirait sous la même pierre.

— Que dirai-je donc à Madeleine? demanda Jean pour la troisième fois.

— Eh bien ! tu diras que Pierre Colas, le fils du métayer d'Auffay, vient d'arriver du régiment avec trois mois de congé ; et puis, tu ne lui diras plus rien, Jean... Tu laisseras passer une heure, une grande heure. Elle se livrera à l'espérance peut-être. L'espérance ne fait pas mourir ; l'espérance nous fait du bien à tous. C'est comme une bonne mère qui nous berce entre ses bras.

— Et qui nous comble de caresses, ajouta l'orphelin, complétant ainsi la pensée du caporal.

— Mais après ? reprit-il encore.

— Après, tu verras, nous verrons. Tu comprends que je serai sur le seuil et que j'aurai tour à tour l'œil et l'oreille au trou du loquet. »

On arrivait à la Briquette.

Edouard se laissa tomber à deux genoux sur le seuil, et commença une longue et fervente prière, remerciant Dieu de l'avoir ramené au village, remerciant Dieu de ne pas lui avoir donné la force de soulever le pauvre loquet, de l'avoir conduit au cimetière, de lui avoir fait rencontrer le jumeau... il offrait actions de grâces pour toutes choses, se souvenant que tout ce qui nous arrive ici-bas est l'œuvre de cette Providence bonne, sage et puissante qui dispose des événements les plus simples en apparence pour notre plus grand bien, notre salut et la gloire du Seigneur.

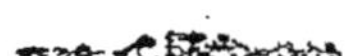

VI

— Et qui t'a dit cela? s'écria l'orpheline quand Jean se fut acquitté de la commission du soldat. Oh! qu'ils doivent être heureux chez les Colas! Que ne puis-je marcher? J'irais tout de suite; je ne craindrais pas la vie, va. Pierre doit apporter des nouvelles du frère, peut-être une lettre même. S'il n'était tout occupé de son bonheur, il viendrait à Saint-Denis, j'en suis sûre, car c'est un bon garçon. Mais, quand nous sommes joyeux, heureux, nous oublions les autres, les peines et les souffrances des autres. Je ne saurais lui en vouloir, c'est si naturel! Et moi-même, mon Dieu! si je revoyais le frère, je serais si heureuse, que je n'aurais plus d'autre pensée... J'oublierais tout au monde, jusqu'au père, jusqu'à la mère, dont le souvenir ne me quitte pourtant pas d'un instant... Mais, dis-donc, Jean, qui t'a appris cette bonne nouvelle?

— Je l'ai entendu dire dans le village.

— Et c'est bien vrai, ce n'est pas un *on dit?*

— C'est bien vrai; celui qui me l'a dit a vu Pierre à Auffay; il a vu Pierre dans les bras de Mathurin et de sa mère.

— Qu'ils sont heureux! soupira de nouveau l'orpheline. Si le frère pouvait revenir ainsi, il me semble que je ne souffrirais plus; il me semble que j'aurais la force de marcher, de courir à sa rencontre... Ah! Jean, qu'ils sont heureux!

» Mais il doit avoir des nouvelles du frère, reprit-elle après une longue pause; ils sont dans le même régiment. »

Et, se laissant aller de nouveau aux inquiétudes, aux angoisses qui la desséchaient, la pauvre enfant! qui la conduisaient à la tombe, comme elles y avaient conduit le vieux père, comme elles y avaient conduit la vieille mère, elle ajouta :

— Mais s'il ne vient pas, c'est qu'il craint de me voir peut-être, c'est qu'il craint de me dire que le frère est blessé, que le frère est malade, que le frère se meurt, que le frère est mort... C'est un si bon garçon que Pierre! Oui, il serait venu s'il eût eu de bonnes nouvelles. Pendant une heure, pendant deux heures, on peut oublier les autres, les souffrances, les peines, les larmes des autres, mais non pendant tout un jour, un grand jour...

— Attends donc, Madeleine, dit l'enfant en comblant la jeune fille des plus douces caresses, Pierre Colas ne fait que d'arriver; il est encore dans ce premier moment de joie, d'ivresse dont tu parlais,

— Crois-tu

— Je ne crois pas, je sais,

— Qui t'a dit?...

L'enfant hésita; il n'était pas preparé à la question, et il cherchait une réponse qui satisfît Madeleine.

— Qui t'a dit? répéta la malade avec anxiété.

L'orphelin nomma, à tout hasard, le meunier Jacques Thibaut, qui, selon lui, aurait été à Auffay porter un sac de farine et aurait vu Pierre dans les bras de Mathurin.

— Tu mens, Jean, tu mens! s'écria la jeune fille en repoussant le jumeau. Il n'y a pas une heure, le meunier Jacques Thitant était ici, auprès de moi, me contant l'accident de son dernier né qu'il craint bien de perdre, le pauvre homme!

» Tu mens! répéta Madeleine. D'abord, c'est affreux de mentir, et ensuite me donner une telle joie, une telle espérance, à moi, pauvre malade! Tu ne sais donc pas, mon enfant, que la déception fait quelquefois mourir.

— Tu ne mourras pas, maman Madeleine; car je n'ai pas menti; Pierre Colas est revenu du régiment, c'est bien vrai...

— Jacques Thibaut...

— Thibaut ne fait rien à la chose; j'ai dit Thibaut, comme j'aurais dit Nicolas, ou Pierre, ou Jean, parce que tu m'as poussé à bout; mais c'est un autre qui me l'a dit, et c'est bien vrai; et cet autre a vu Pierre, et cet autre... Tiens, je vais te le dire, parce que tu n'es pas raisonnable, maman Madeleine, que tu t'agites sur ton lit; cet autre, c'est celui-même qui t'apporte des nouvelles du frère; car le frère t'envoie des nouvelles...

— O mon Dieu! murmura l'orpheline en se soulevant à demi sur son lit, mais en y retombant aussitôt, vaincue par la faiblesse.

— Et de bonnes nouvelles! de bonnes nouvelles! reprit le jumeau en redoublant de caresses.

— De bonnes nouvelles?

— Vois, maman Madeleine, comme je suis joyeux, comme je suis heureux... Tu seras si joyeuse, tu seras si heureuse...

— Mon Dieu! je reverrais le frère? s'écria Madeleine qui comprit tout, alors. Oh! c'est trop de bonheur! c'est trop de bonheur! je ne le mérite pas... Quand je l'aurai revu, je pourrai mourir! Mais faites, ô mon Dieu, que je ne connaisse plus de telles inquiétudes, de telles angoisses; faites que je meure dans ses bras... »

Un instant après, Madeleine s'évanouissait de joie, de bonheur en revoyant le frère.

Le cher petit Jumeau ne s'était-il pas acquitté, à son honneur de la commission du soldat ?

Madeleine ne mourut pas.

Les commères du hameau, le docteur, le bon curé ne s'étaient pas trompés. Le retour du frère, de ce frère tant aimé, tant pleuré, et que Madeleine, dans ses moments de découragement, s'imaginait perdu pour toujours, ranima en elle la vie qui s'éteignait.

Quinze jours après, la jeune fille était assise sur le seuil, au soleil, à côté du frère, la main dans la main du frère ; huit jours après encore, elle allait à l'église, s'appuyant au bras de ce frère tant aimé, huit jours plus tard, enfin, elle s'agenouillait avec lui sur les tombes chéries du cimetière.

— Et c'est de l'amour fraternel dont le bon Dieu s'est servi, pour opérer ce miracle, disait au docteur le digne curé du petit hameau.

» Le retour du frère a guéri Madeleine, comme c'étaient les craintes, les inquiétudes, l'anxiété qu'inspirait ce frère chéri qui avaient causé son mal : tant il est vrai que le moral a toute influence sur notre pauvre nature...

» Tant il est vrai que l'esprit l'emporte de beaucoup sur la matière, reprenait le saint prêtre. »

Et il ajoutait :

— Nous ne devons pas nous laisser abattre par l'affliction, nous devons nous raidir de toutes nos forces contre les maux de cette misérable vie, nous appuyant sur celui dont les consolations ne nous manquent jamais quand on l'emploie. »

Peut-être notre Madeleine avait-elle failli en cette circonstance, peut-être, toute pieuse et toute bonne, pourtant, elle n'avait point eu en Dieu cette sainte et légitime confiance qui nous rend forts contre les épreuves et les tribulations...

Il faut tout dire, aussi, et les veilles prolongées souvent jusqu'aux premières heures du matin ; et ces jeûnes forcés, jeûnes effrayants, qui duraient quelquefois pendant près de deux jours, et ce froid qu'elle avait enduré, et ces privations de toutes sortes...

Madeleine n'avait point été sage, peut-être ; elle ne mangeait point pour donner à manger aux jumeaux, à l'aveugle et à la doyenne, comme l'on désignait la mère Jean au village ; elle avait froid pour les vêtir. C'est le sublime de la charité de se priver du nécessaire pour les malheureux. Mais elle eût dû avouer sa détresse : que de mains se seraient ouvertes pour le bon ange du hameau ! que de cœurs se seraient émus pour Madeleine Durand d'une douce pitié.

Quels beaux, heureux jours, le frère et la sœur passèrent ensemble pendant les trois mois de congé !

Un congé avait été accordé à un grand nombre de soldats par suite des réjouissances du mariage de l'empereur et de Marie-Louise, et cependant la guerre se poursuivait en Espagne plus furieuse que jamais peut-être. Le roi Joseph reprenait, cette même année (1810), Grenade, Cordoue, Séville ; mais il échouait complètement devant Cadix, et cette ville devenait le siége de la Junte (assemblée), qui dirigeait l'insurrection. Les Français, malgré leurs avantages, n'étaient réellement maîtres que des postes qu'ils occupaient, que de la terre même qu'ils foulaient sous leurs pieds. Des nuées de guérillas (troupes légères) les tenaient sans cesse en haleine, sans cesse en échec. C'était une guerre nationale, à la fois religieuse et politique, et à laquelle tout s'employait, femmes, vieillards, enfants.

Que de douces causeries entre Edouard et Madeleine !...

Edouard racontait la vie des camps, la rapidité des marches, le tumulte et la gloire des batailles, l'enthousiasme et l'enivrement de la victoire ; Madeleine, les dernières heures du père et de la mère, leurs dernières paroles, leurs prières.

— Ces paroles ont été pour toi, frère, ajoutait la jeune fille avec des larmes, ces prières ont été pour toi : « Mon Dieu, disait le père, ratifiez du haut des cieux la bénédiction que, mourant, je donne à mon Edouard. Oh! qu'il soit homme de bien, Seigneur, qu'il soit homme de bien! qu'on puisse dire de lui: l'honnête homme, comme on l'a dit de mon père, comme on l'a dit de mon grand père, comme vous avez bien voulu qu'on le dise de moi, tout indigne que je fusse de ce titre glorieux... » Et la mère, si tu savais, frère, la pauvre femme, ses mains étaient constamment jointes pour la prière, et sa prière était pour toi. « Mon Dieu, murmurait-elle encore, quand ses lèvres étaient déjà à demi violettes et glacées, quand son front se couvrait des ombres de la mort, que ses pauvres yeux s'éteignaient, mon Dieu, gardez-le, sauvez-le, et ramenez-le bientôt dans les bras de Madeleine... Qu'ils soient heureux tous deux, Seigneur, comme l'honnête homme et moi nous avons été heureux... » Ce fut là tout, frère; elle n'ajouta plus rien. Il ne lui échappa plus que des sons inintelligibles, inarticulés, et elle a expiré en souriant, elle qui avait tant pleuré! Mais peut-être au moment suprême, Dieu lui révélait-il que tu serais sauvé, que tu serais conservé à mon amour, que tu me serais rendu, mon bon frère. Dieu est si puissant et si bon! il a de si grandes miséricordes pour les mères qui placent leurs enfants sous sa protection!

— J'avais espéré, soupirait le frère, que le père vivrait plus longtemps. Un cruel pressentiment me disait que je ne retrouverais plus la mère; mais le père... S'il eût eu ses yeux encore, sais-tu, sœur, qu'il eût paru presque jeune.

— La mère laissait voir son chagrin, mais le père le renfermait en lui-même, pour ne pas ajouter à notre douleur, et c'est ce qui l'a tué. Une attaque de paralysie, et en deux jours, tout a été fini. Le dimanche matin, il était à l'Eglise, et, le mercredi, on le portait en terre... C'était affreux de voir la douleur de notre mère; mais le bon Dieu a eu pitié et l'a réunie bientôt à celui qu'elle pleurait. »

Tout naturellement on parla de sœur Madeleine, la bonne sœur de charité.

— Quelle vertu ! quelle abnégation ! quelle dévouement ! s'écriait Edouard chaque fois que le nom de sœur Madeleine revenait sur ses lèvres ou son souvenir dans sa pensée. Elle ferait aimer Dieu à celui-même qui nierait Dieu... Et la bonne Vierge ! Oh ! ma sœur, si tu savais comme elle l'exalte, avec quelle ardeur et quelle confiance elle la prie ! Figure-toi que cette bonne sœur Madeleine est née grande dame, qu'elle a été élevée dans la richesse, les honneurs, les plaisirs, et si tu savais quelle simplicité et quel zèle pour le soulagement et le service des malades. Quelquefois je lui disais : « Mais, bonne sœur, ne regrettez-vous point le monde ? le bruit des fêtes n'émeut-il point votre âme ? La vue de la joie, de la félicité de tant d'épouses, de tant de mères, ne fait-elle point battre votre cœur ? » Elle me souriait d'un angélique sourire et, de sa main, me montrant le ciel : « Sachez, Edouard, répondait-elle, sachez que Dieu a des consolations si puissantes, des caresses si ineffables pour les âmes qui sont à lui, que, lorsqu'on les a goûtées, toutes les choses de la terre paraissent insipides et fades. Parfois je me sens si heureuse, que je m'effraie moi-même de tant de bonheur, et que je me demande avec inquiétude si Dieu ne me donne point dès ici-bas ma récompense, ne me permettant par d'amasser mon trésor là-haut. Mais toutes nos sœurs éprouvent cette joie, ces jouissances, cette félicité suprême, et celles qui ont porté pendant nombre d'années la robe de bure et l'humble cornette, nous disent que plus elles ont avancé dans le chemin, que plus elles ont multiplié les œuvres de charité, plus grandes ont été leurs consolations et leurs espérances. »

— Si je ne t'aimais point comme je t'aime, frère, murmurait alors Madeleine en pressant la main d'Edouard sur son cœur et sur ses lèvres, moi aussi, je serais sœur de charité.

» Mais tu es venu te placer entre les pauvres et moi, ajoutait la bonne fille en souriant, et en vain je veux éloigner ta douce image ; elle est là, là toujours.

— Au moins, petite sœur, ne laisse point cette image se placer entre ton cœur et Dieu.

— J'espère que Dieu lui fera la grâce de l'aimer toujours par-dessus toutes choses ; mais l'amour que l'on a pour Dieu n'est plus l'amour que l'on a pour son père, pour sa mère, pour son frère ; celui-ci est tout humain, l'autre est tout divin. Ne crains donc pas, et laisse-moi t'aimer comme tu mérites de l'être.

— Sais-tu bien que sœur Madeleine avait un frère aussi, un frère qu'elle chérissait et dont elle a fait le sacrifice pour se donner à Dieu.

— Oh ! frère, elle ne pouvait l'aimer comme je t'aime ! »

Peut-être Édouard resta convaincu.

Pour nous, nous dirons que sœur Madeleine pouvait aimer son frère comme notre jeune fille aimait Édouard Durand, car il est de ces âmes d'élite à qui Dieu fait la grâce des héroïques sacrifices et d'une sublime abnégation. C'est à ces âmes que Dieu prodigue ces consolations et ces caresses dont la fille de saint Vincent de Paul parlait au fils de l'honnête homme. N'est-il point écrit : « Je vous dis, en vérité, qu'il n'y a personne qui ait quitté père, mère, frère, femme ou enfants pour le royaume de Dieu qui ne reçoive beaucoup plus en ce siècle, et, dans le siècle à venir, la vie éternelle. »

Les trois mois de bonheur s'évanouirent comme un songe.

Après ces premiers trois mois, on obtint six autres mois qui semblèrent passer plus rapidement encore.

Madeleine espérait une nouvelle prolongation de congé, un congé définitif peut-être, quand on apprit soudain que, bien que l'on fût en pleine paix, excepté du côté de l'Espagne, l'empereur avait ordonné, comme les années précédentes, la levée de cent mille conscrits.

Quels étaient donc les projets de Napoléon ?

Nul autre que lui peut-être ne pouvait soupçonner qu'une guerre d'extermination planait silencieusement sur l'Europe comme un vautour altéré de sang.

— Bonne petite sœur, il faudra bien nous résigner, dit Édouard à cette nouvelle.

— Nous résigner à quoi, frère ?

— Mais à nous quitter, Madeleine. Il ne faut plus espérer, c'est fini. Il est même inutile de rien demander davantage.

— Oui, nous demanderons, parce que j'aurais regret, j'aurais remords, me disant sans cesse : Si nous avions demandé, nous aurions peut-être obtenu.

— Demandons, Madeleine. »

Le frère et la sœur firent une nouvelle pétition au ministre de la guerre.

On ne répondit que par l'ordre à Édouard Durand de rejoindre au bout de ses six mois, c'est à dire vers la fin de décembre 1810, son régiment alors en garnison à Metz.

Pendant deux jours, le jeune homme n'eut point le courage de montrer l'ordre fatal à Madeleine.

Il le fallait bien pourtant. Voyant la réponse tarder un peu, la pauvre jeune fille s'enivrait d'espérance ; elle faisait mille et un beaux rêves d'avenir : le frère et la sœur seraient si heureux ensemble, à la Briquette ; ils travailleraient avec tant d'ardeur, ils feraient tant de bien dans le hameau ; car les pauvres étaient toujours l'objet de la tendresse et de la sollicitude de la charitable Madeleine.

L'orpheline retrouvait de la gaîté, des rires, quand elle faisait ses châteaux en Espagne, châteaux bien modestes, et qu'elle croyait, dans son délire, bâtir plus solidement par cela même qu'ils étaient modestes, et que les fondements en étaient toujours l'amour de Dieu, l'amour des pauvres, l'amour du frère, la bonne conduite et le travail.

Édouard, se laissant parfois entraîner par Madeleine, ajoutait de nouveaux rêves aux rêves de la petite sœur ; mais quand il eut reçu l'ordre de rejoindre son régiment, il ne répondit à l'exaltation de la jeune fille que par un silence qu'elle remarqua à peine et dont elle ne s'émut point. Du silence Édouard passa aux soupirs, à des soupirs déchirants et profonds qu'il ne commandait point, mais qui lui échappaient sans même qu'il s'en aperçût. C'était pour lui une chose si cruelle de venir, d'un mot, renverser les magnifiques édifices de bonheur que se plaisait à élever Madeleine.

Un jour qu'Édouard s'était bien promis de ne rien dire encore, il ne put retenir un sanglot.

Voyant la jeune fille pâlir :

— Madeleine, lui dit-il en l'étreignant dans ses bras, tu as oublié que si l'homme propose, Dieu seul dispose... Or, le bon Dieu a déjà disposé par la bouche du ministre de la guerre, ma pauvre chère petite sœur.

— Pourquoi ne me l'avais-tu point dit, frère ? murmura la jeune fille avec un sourire.»

Edouard frémit. Dans ce sourire qui entr'ouvrait les lèvres de sa sœur, lèvres redevenues aussi rosées, aussi charmantes qu'elles l'étaient un instant auparavant, dans ce sourire, il y avait de la joie, du bonheur ; sur son front calme et pur, il voyait flotter comme des ombres d'espérance : Madeleine n'avait donc point compris ? Madeleine s'imaginait donc que son frère lui était rendu à toujours ? ou, pensée horrible et consolante tout à la fois pour le jeune soldat, la petite sœur n'avait-elle plus pour lui cette affection si vive, si profonde, cet amour qui l'avait conduite jusqu'aux portes de la tombe, et qui avait été assez fort ensuite pour l'arracher à la mort.

— Pourquoi ne me l'as-tu point dit, frère ? répéta Madeleine en pressant à son tour Edouard dans ses bras.

— Sœur, parce que je craignais de t'affliger, répondit Édouard d'une voix étranglée de sanglots ; parce que je craignais de voir couler tes larmes, d'entendre tes gémissements... Tu ne comprends pas, sœur, je le vois : je suis rappelé, c'est fini ; il n'y a plus d'espérance... Dans un mois, il faudra nous quitter de nouveau ; que dis-je ? dans moins d'un mois ; car, dans un mois, il me faudra avoir rejoint mon régiment à Metz. »

Madeleine resta souriante.

— Pourquoi ne me l'as-tu point dit aussitôt ? fit-elle encore. Vois-tu des larmes ? entends-tu des gémissements ? Qui pleure ? qui gémit ? N'est ce point toi, toi seul, mon bon frère ? »

Madeleine était aussi joyeuse en prononçant ces paroles qui semblaient si étranges, si dures peut-être au fils de l'honnête homme, qu'elle était joyeuse en faisant ses beaux rêves.

Elle fit un instant de silence pour redoubler de caresses et essuyer de ses mains, tremblantes pourtant d'émotion ou de douleur, les larmes qui sillonnaient les joues pâles du frère.

— Pourquoi ne me l'as-tu point dit de suite ? répéta-t-elle pour la quatrième fois. »

Et elle ajouta :

— Nous avons tant de préparatifs à faire.

— Quels préparatifs, petite sœur ? demanda Édouard, étonné. Mon sac n'était-il pas tout prêt ? et ne le serait-il pas ? Qu'est-ce à préparer que le sac d'un soldat ?

— Oui, frère, tout serait prêt si tu partais tout seul, soupira la jeune fille, cachant son visage inondé enfin de pleurs sur l'épaule du soldat ; mais je pars avec toi.

— Sœur !...

— Frère... cher frère...

— Sœur, c'est impossible !... impossible !...

— Oh ! je lis bien dans le fond de votre pensée, monsieur, s'écria la jeune fille en relevant soudain la tête, en essuyant ses larmes et en forçant sa bouche à sourire, je lis bien dans votre pensée : vous vous imaginez qu'une sœur sera chose très-embarrassante au régiment.

— Pauvre sœur, juge donc que tu n'obtiendras pas la permission.

— L'empereur ferme-t-il donc les routes quand la grande armée y a passé ?

— Non, sœur, mais...

— Qui pourrait m'empêcher ?

— Oh ! moi, Madeleine ! je saurai bien t'empêcher de faire une telle folie. Compte donc tous les dangers que tu courrais, mon Dieu ! car je ne pourrais pas veiller sur toi, car il se passerait souvent bien des jours sans que je pusse seulement t'embrasser. Et puis les marches forcées, et puis les campements dans des plaines désertes, où tu ne trouverais pas un abri seulement pour reposer ta tête, et puis les privations de toutes sortes, et puis le froid, la chaleur, et puis les batailles... Non, non, sœur, il n'y faut pas songer, c'est impossible.

— Frère, si tu savais ma pensée, tu verrais bien que c'est possible, et tu me donnerais ton consentement, et tu me dirais : Bénie sois-tu, Madeleine, de ne me point quitter.

— Non, non, c'est impossible ! répéta encore le jeune homme, sans chercher même à pénétrer la pensée de Madeleine. Tu resteras à la Briquette, ou...

— Allons, achevez vos menaces, monsieur, interrompit l'orpheline avec de nouveaux sourires et de plus affectueuses caresses, achevez vos horribles menaces, et ensuite la pauvre petite sœur parlera.

— Ce ne sont point de vaines menaces, Madeleine, c'est bien vrai, et si le serment était permis, je te ferais serment sur le titre glorieux et sacré de notre père, sur le titre saint et béni d'*honnête homme*... C'est bien vrai donc : si tu quittes la Briquette, moi j'y reste, et je me fais punir pour n'avoir point rejoint mon régiment, ou, si tu t'obstinais à me suivre, je me ferais fusiller comme déserteur.

— Et voilà les belles résolutions que tu es venu chercher au village ? s'écria Madeleine moitié riant, moitié pleurant. Mais la petite sœur te suivra, et tu ne feras rien de tout cela, cher frère »

Il se fit un nouveau silence.

— As-tu oublié sœur Madeleine ? dit enfin l'orpheline en reprenant ses douces et affectueuses caresses.

— Prendre le saint habit de sœur Madeleine, ce serait me quitter à toujours, petite sœur Madeleine n'est plus à son père, à son frère, elle est à Dieu.

— Et Madeleine Durand n'est point assez parfaite pour faire le sacrifice d'un frère trop chéri, soupira la jeune fille, elle le voudrait pourtant, car elle aime le bon Dieu et les pauvres de toutes les forces de son âme, mais Dieu donne sa grâce à qui il lui plaît, et Madeleine Durand n'a pas le courage de quitter le frère, et Madeleine Durand n'est pas digne...

« Mais cherche bien, Édouard, reprit-elle après une légère pause, n'y a-t-il de femmes à l'armée que les bonnes sœurs de charité ?

— Je n'ai vu qu'elles, petite sœur, ou des femmes d'officiers supérieurs, ou de pauvres malheureuses que l'affection d'un époux aveugle quelquefois au point...

— Tu n'y es pas, cher Édouard, cherche bien, et tu en trouveras d'autres qui n'ont d'amour que celui du gain, d'autres qu'une fatale et affreuse nécessité entraîne à un métier dont beaucoup de gens rougissent, hélas ! bien qu'on n'ait pas à en rougir. Mais je m'égare, mais je me laisse entraîner à des jugements injustes et téméraires. Le bon Dieu a confié à toutes les femmes ici-bas une mission touchante et sainte ; il a donné à chacune une large part de dévouement et d'amour, et si quelques-unes déshonorent l'état de vivandières par une conduite légère et indigne, beaucoup d'autres, je n'en doute pas, suivent l'armée dans de louables et saints motifs : l'une, c'est pour son époux ; l'autre pour son père, pour son frère ; une autre encore, qui n'a ni époux, ni père, ni frère, se sent appelée à exercer une sorte d'apostolat auprès de tant d'autres gens qui, chaque jour en face de la mort, ne veulent pourtant pas penser à la mort, et vivent loin de Dieu comme s'ils ne devaient jamais mourir… Crois-moi, frère, les unes et les autres sont de véritables sœurs de charité.

»Eh bien! moi, ajouta la jeune fille, sans porter la robe de bure et la cornette blanche, mais revêtant l'habit du régiment, je serai une autre sœur Madeleine.

— Y penses-tu, sœur, y penses-tu? s'écria Édouard; toi, Madeleine Durand, toi, la fille de l'honnête homme, toi vivandière!

— Moi, vivandière, mon bon frère; moi, Madeleine Durand, la fille de l'honnête homme! moi vivandière pour l'amour de toi. Y a-t-il donc du déshonneur à être vivandière? Ah! le monde est bien méchant, bien cruel avec ses préjugés. Mais toi, mon bon frère, qui as tant d'esprit, tant de cœur, es-tu donc aussi du monde? Sache donc que ce n'est point l'état qui dégrade l'homme; c'est l'homme qui dégrade l'état.

» Ne voulez-vous donc plus de vivandière dans votre régiment? demanda la jeune fille après un long silence, silence qu'Édouard, frappé d'étonnement, de surprise, de douleur, n'avait même point songé à troubler.

— Oh! nous avons une sœur, une sainte et digne femme.

— Et c'est là que je vous attendais, M. Edouard Durand, qui vous imaginez qu'on ne peut être à la fois fille de l'honnête homme et vivandière. Oui, vous l'avez bien dit, la mère Barassaux était une sainte.

— Qui t'a dit son nom, Madeleine?

— Jamais tu ne m'as dit son histoire non plus, Edouard, et pourtant je sais que la mère Barassaux avait deux fils, deux fils que lui prit la conscription, quand son pauvre homme languissait sur un lit de douleur. Bientôt après, l'aîné eût pu être exempté comme fils de femme veuve; mais les deux frères se portaient un tel amour que, s'ils eussent été séparés, l'un serait mort au village, tandis que l'autre eût expiré au régiment. La mère

Barassaux, ne pouvant vivre sans ses chers enfants, prit la résolution que tu me vois prendre, frère : elle se fit vivandière.

» Veux-tu que je te dise aussi, continua la jeune fille, veux-tu que je te dise qu'il plut au bon Dieu de bien éprouver la digne femme, parce que le Seigneur afflige souvent ceux qu'il aime : elle vit mourir ses deux fils dans le même combat... Mais elle avait d'autres enfants ; car toi, Edouard Durand, car Pierre Colas et tous ceux du régiment, vous lui donniez le doux et beau nom de mère. Elle le méritait bien, certes, par ses soins et son amour.

— Qui t'a dit tout cela, petite sœur?

— Et j'en sais plus long que toi, pauvre frère; je sais que la mère Barassaux est morte depuis que tu es en congé, et que le régiment n'a plus de vivandière.

— Man Barassaux est morte ! » s'écria le jeune homme avec douleur.

Man était le nom naïf que conscrits, soldats et jusqu'aux vieux grognards donnaient à la digne femme.

— Ne la plains pas, frère, elle est allé rejoindre son homme et ses enfants.

—Man Barassaux est morte ! répéta Edouard en essuyant les larmes que la mémoire de la sainte femme faisait couler. Si tu savais, sœur, avec quel zèle, quel amour elle soignait les blessés, encourageait les mourants !

—Ainsi fera la vivandière.

— Avec quelle sainte liberté elle nous reprenait de nos fautes ! Et comme elle nous faisait prier Dieu ! Avant de nous donner le coup du matin, elle nous demandait à chacun : As-tu fait ta prière? Oh ! nul n'eût osé mentir à man Barassaux. Si l'on disait oui : Bois donc, mon garçon, et sois assuré que le bon Dieu te bénira, parce que tu as bien commencé la journée. Si l'on disait non, ah ! dame, pas de goutte, et il fallait s'agenouiller devant les autres pour réciter avec elle un *Pater* et un *Ave*. Les autres n'avaient garde de se moquer. Qui eût ri de la prière ou des choses saintes devant man Barassaux...

— Je ferai en sorte de suivre un si noble exemple, frère. Mais assieds-toi au bureau de l'honnête homme, Edouard, et rédige-moi vite une belle et bonne pétition afin qu'on accorde à la petite sœur la place laissée vacante par la digne femme... Tu ne dois point rougir de me voir revêtir l'habit de vivandière quand une telle sainte l'a porté...

— Sœur, moi, je rougis seulement du vice; mais le monde...

— Laissons-le dire, frère, reprit la jeune fille, qu'est-ce que le monde pour nous? Bonnes gens qui nous entourent, les bons habitants de Saint-Denis! crois-tu que je perdrai leur estime, leur amitié parce que je serai vivandière? Ils me diront tous : Madeleine, tu aimes le frère, tu veux lui servir d'Ange gardien, et tu as raison.

— Mais, sœur, et la fatigue des marches, tu es si faible.

— Je serai forte pour marcher avec toi.

— Et l'horreur des combats?

— Je serai courageuse pour veiller sur toi.

Il fallut que le frère écrivît, bon gré mal gré, à son colonel pour solliciter pour la petite sœur la place de vivandière du régiment.

Mais Madeleine ne trouva pas la pétition assez pressante; elle y ajouta quelques lignes touchantes et naïves, des lignes toutes pleines de larmes et de prières :

« Ayez pitié, disait-elle, ayez pitié; et, au nom de vos enfants, si vous êtes père, au nom de votre mère, au nom de la bonne Vierge Marie, accordez-moi la place de la mère Barassaux. Le fils et la fille de Pierre Durand, *l'honnête homme*, sont comme deux arbres greffés sur le même tronc; deux fleurs nées sur la même tige, deux épis sortis du même grain de blé. L'une ne peut vivre sans que l'autre vive; l'un ne peut mourir sans que l'autre ne meure. »

Huit jours après, le facteur frappe à la Briquette, et remet à Madeleine Durand une lettre sous une grande enveloppe.

C'était sa nomination de Vivandière.

La fille de l'honnête homme crut mourir de bonheur.

La nouvelle se répandit en un instant dans le hameau.

— Oh ! la bonne et sainte fille ! répeta-t-on de toutes parts. Quel amour pour le frère ! quel beau dévouement ! Le bon Dieu te bénira !

VII

Dès le jour même, Madeleine commença les préparatifs du départ.

Jamais elle n'avait été si joyeuse, ou plutôt jamais elle n'avait affecté tant de gaîté; elle devait éprouver, au moins, un serrement de cœur à la pensée de quitter à toujours peut-être l'humble hameau où elle était née, où le père et la mère avaient achevé leur paisible et vertueuse carrière, où s'élevait la pauvre croix de bois qui protégeait leur tombeau; elle devait éprouver un serrement de cœur à la pensée de quitter la Briquette, où elle laisserait tant de souvenirs de joie, tant de souvenirs de douleur. Mais pas une larme ne brillait dans ses yeux, pas un nuage de tristesse même ne voilait son beau front; le sourire ne quittait point ses lèvres.

— Sœur, sœur, tu souffres bien ! s'écriait quelquefois Édouard, alors que Madeleine riait le plus fort ou cherchait à l'arracher à sa sombre tristesse par des plaisanteries ou des malices innocentes.

— Allons donc, frère; quand on souffre, a-t-on le courage de s'amuser, de chanter et de rire?

— Oui, si l'on aime bien pour ne pas affliger celui que l'on aime. Or, petite sœur, pourrais-je douter de ton amour, quand tu me sacrifies ton repos, ton bonheur, ton avenir, ta vie peut-être, ta vie... Oh! cela fait frémir... J'en suis bien coupable !

— Coupable ?

— Ecoute, sœur, avant de te décider tout à fait à quitter le village, laisse-moi te faire une dernière réflexion.

— C'est décidé, frère.

— Si tu n'entends pas raison, alors, continua le bon garçon sans prêter attention aux paroles de la petite sœur, je n'aurai plus rien à te dire. Mais tu ne saurais résister, Madeleine; car tu étais fille bonne et soumise, car tu serais fille bonne et soumise encore, si le père et la mère étaient là... C'est de la part de la mère que je vais te parler.»

Madeleine avait encore ce mot sur les lèvres : C'est décidé, mais le frère voulait parler de la part de la mère, et, le cœur tout pénétré de respect filial, elle s'inclina en silence.

— Te souviens-tu, Madeleine, du triste jour du départ ? »

La jeune fille fit un signe affirmatif, en essuyant avec le coin de son tablier la première larme qui eût mouillé ses yeux depuis sa nomination de vivandière.

— Te souviens-tu des adieux, des adieux déchirants à la croix des Trois-Chênes ?

— Et tu aurais le courage, frère, de renouveler une telle scène ; tu aurais le courage de songer à nous séparer ? murmura doucement Madeleine.

Le frère ne répondit pas ; il dévorait des larmes qu'il ne voulait point laisser couler.

— Il répéta :

— Tu te souviens des adieux, Madeleine?

— Oui, frère.

— Tu te souviens des paroles saintes de l'honnête homme?

— Ah ! qui les pourrait oublier ! c'est sacré, frère, les paroles d'un père, d'un père si sage et si bon, si tendre et si vertueux. Elles sont gravées là en caractères ineffaçables. »

Et la jeune fille montra son cœur qu'elle pressa de ses deux mains tremblantes, comme pour exprimer sa vénération, sa tendresse pour les conseils pieux et touchants de l'honnête homme, comme pour préserver et défendre un trésor qu'on eût voulu lui enlever.

— Les paroles d'une mère sont-elles moins sacrées?

— Que veux-tu dire, frère?

— Je veux dire, Madeleine, que les paroles de notre mère, tu les as oubliées.

— Frère, frère!...

— Ecoute, Madeleine, ange chérie, écoute : « Edouard, m'a dit la pauvre Catherine, bientôt nous n'y serons plus ; n'oublie pas alors Madeleine. Sois à la fois, à la pauvre enfant, son frère, son père et sa mère. » Et j'ai promis, sœur, j'ai promis au pied de la croix, c'est jurer... j'ai juré donc, et aujourd'hui je suis parjure. Est-ce accomplir mon serment que de te permettre de me suivre? Suis-je ainsi ton père et ta mère? Le père et la mère t'eussent-ils donné leur consentement? Non, Madeleine, non... Ainsi, manquant au dernier vœu de notre mère et me parjurant moi-même, je ne suis plus ton père, je ne suis plus ta mère... Je reste ton frère, c'est vrai, mais un frère égoïste, cruel, un frère qui sacrifie ton repos, ton bonheur, ton avenir, ta vie...

— Tu n'as point de reproches à te faire, Edouard, s'écria la jeune fille en essuyant ses larmes et en comblant le fils de l'honnête homme des plus douces caresses ; tu as fait tous tes efforts pour me persuader de rester à la Briquette. »

Et elle ajouta en reprenant sa douce gaîté et son sourire angélique :

— Et moi, je n'ai point de remords, mon bon frère, parce que je ne t'ai point promis obéissance.

— Oui, sœur, continua Edouard sans écouter ou sans entendre

ce que disait Madeleine, je suis placé entre deux devoirs également impérieux : si j'accomplis l'un, je néglige l'autre, et...

— Explique-toi, Edouard, ce que tu dis là est tellement profond...

— O chère Madeleine, ne plaisante pas quand je pleure, ou je croirais que tu ne m'aimes plus.

— C'est une petite vengeance, frère. Et pourquoi n'aurais-je pas de représailles? Autrefois tu riais quand je riais, et tu pleurais seulement quand tu me voyais verser des larmes; aujourd'hui je suis joyeuse, je suis heureuse, et tu ne réponds à mes rires et à mes transports que par des pleurs. Mais explique-toi frère, ces deux devoirs...

— L'obéissance à mes chefs, le serment que j'ai fait à ma mère...

— Obéis à tes chefs, mon Edouard. Je te suivrai, c'est vrai; mais le bon Dieu, qui est si puissant, la sainte Vierge, qui est si bonne, arrangeront tout de manière à ce que tu sois fidèle à ce que tu nommes ton serment, le serment de la croix des Trois-Chênes.

— Ainsi, tu veux...

— Oui, je veux, je veux toujours. Souviens-toi, frère, que si tu eusses tardé d'un jour seulement à revenir au hameau, il y a tantôt neuf mois, tu serais arrivé juste pour me porter en terre... Et puis, il me semble entendre une voix qui me crie au fond du cœur : Va, va, Madeleine, la place d'une bonne sœur est près de son frère... Ne sais-tu pas, frère, que lorsque le bon Dieu donne un frère à une sœur ou une sœur à un frère, c'est comme un ami, un bon ange qu'il lui envoie dans sa miséricorde et son amour... Si tu crois de ton devoir de tenter tous les moyens possibles pour me décider à rester à la Briquette, moi frère, je croirais faire un péché si je résistais à cette voix que je te dis et qui murmure sans cesse : Va, va, Madeleine... Qui sait si cette voix n'est point la voix du père, de la mère, de la bonne Vierge, du bon Dieu...

— Oh! mon Dieu! mon Dieu! s'écria le jeune homme en élevant au ciel des regards pleins de larmes et des mains suppliantes, mon Dieu, n'avez-vous point pitié d'une sainte comme Madeleine, d'un ange tel que ma sœur!

— Frère, murmura doucement la jeune fille en fermant les lèvres d'Édouard par un baiser, souviens-toi de cette devise chérie de l'honnête-homme : Dieu afflige ceux qu'il aime. Cette parole est bien consolante, va, bien puissante sur le cœur. Crois-tu que si je ne l'eusse pas méditée tous les jours, à toutes heures du jour, pendant les trois longues années qu'a duré notre séparation, tu m'eusses retrouvée à la Briquette? Ils disent au village : Madeleine n'a pas été courageuse; elle s'est laissée abattre par l'inquiétude et l'angoisse; elle n'a pas eu confiance en Dieu. Oh! ils ne savent pas ce qu'ils disent. Ceux qui parlent ainsi n'ont pas de frère, ou, s'ils en ont un, ils ne l'ont jamais aimé. »

Édouard vit bien, qu'il n'y avait plus rien à faire, et que Madeleine le suivrait bon gré mal gré; il se contenta donc de pleurer en silence sur une telle abnégation, un tel dévouement un tel amour.

— Qui nous attendra à la Briquette? disait-il seulement quelquefois. Personne pour nous fêter au retour, si nous revenons jamais.

— Que dis-tu, Edouard? Oh! tu es injuste! Tous les habitants du hameau ne nous nomment-ils pas leurs enfants depuis que nous n'avons plus de père, plus de mère? »

Un instant Madeleine eut la pensée d'établir à la Briquette les quatre protégés, c'est-à-dire l'aveugle, la doyenne et les deux jumeaux : ils seraient si bien à la Briquette, et le bon Dieu ne bénirait-il point la Briquette et ses propriétaires à cause de ce bon acte de charité? Mais il ne fallait pas pourvoir au logement seulement de l'aveugle, de la mère Jean et des orphelins, il fallait aussi leur donner du pain.

— Je sais bien, se disait Madeleine, qu'au hameau on ne les laisserait pas manquer; mais serait-il beau de laisser la bonne œuvre en chemin? c'est à cause de la bonne œuvre peut-être que jusqu'ici le bon Dieu a protégé le frère... L'aveugle, la doyenne, les jumeaux, c'est comme une voix qui crie sans cesse à Dieu miséricorde pour les enfants de l'honnête homme. Un peu de courage donc, vendons la Briquette pour les protégés.

— Vendre la Briquette! y songes-tu, petite sœur? s'écria Edouard à une telle proposition; vendre la Briquette, ce monument de la vertu de l'honnête homme; la Briquette, où le père et la mère nous ont tant aimés, où ils nous ont entourés de tant de soins et de bonheur; la Briquette, qui a vu leurs derniers jours, leur dernières heures; la Briquette, dont les tristes échos, hélas! ont redit leurs dernières prières; la Briquette, où tu as tant pleuré?... Non, sœur; si je ne meurs pas sur le champ de bataille, et si le bon Dieu le permet, car sa sainte et adorable volonté avant toutes choses, c'est à la Briquette que je veux mourir. »

Rien ne coûtait à Madeleine pour accomplir un acte de charité. Son cœur avait saigné à la pensée seule de voir la Briquette passer en des mains étrangères; mais certainement, si le frère y eût consenti, la Briquette eût été vendue pour le soulagement, le bonheur des protégés.

— Frère, ce serait un péché, dit-elle, de fermer la Briquette. Au temps de l'honnête homme, la porte en était toujours ouverte aux malheureux; au temps des enfants de l'honnête homme, les malheureux viendront-ils mourir sur ce seuil inhospitalier.

— Oui, sœur, répondit Edouard, je dis, comme toi, que ce serait un péché de fermer la Briquette, quand tant de pauvres n'ont point d'asile : que faire donc? »

La charité avait déjà inspiré Madeleine... Madeleine avait trouvé le moyen de tout concilier : on donnerait la Briquette à loyer pour deux ou trois ans à quelque famille aisée du pays, à la charge par cette faculté de recueillir tous ceux qui, n'ayant pas d'abri, viendraient frapper à la porte de la maison de l'honnête homme.

Edouard consentit à cet arrangement.

— Mais promets-moi, lui dit-il, de revenir à la Briquette si le bon Dieu veut que je tombe sur le champ d'honneur; et moi, s'il faut que tu sois ravie à mon amour, c'est à la Briquette que je viendrai te pleurer. Je veux que mes arrière-petits-enfants redisent à la Briquette encore, et les vertus de l'honnête homme et le dévouement de l'ange qui a nom ici-bas Madeleine.

— Et si nous mourons tous deux, comme les fils de la mère Barassaux! reprit Madeleine; car il faut tout prévoir, frère, et quelque chose me dit que si tu meurs, je meurs, et que si je meurs, tu ne pourras me survivre.

— Nous en constituerons héritiers les pauvres du hameau, à charge pour eux d'entretenir des fleurs sur la tombe de Pierre Durand et de notre vertueuse mère, et de faire dire chaque année une messe pour le repos de l'âme de l'honnête homme et des siens. »

Madeleine applaudit à cette bonne et sainte pensée.

On trouva bientôt un locataire. C'était à qui habiterait la maisonnette de l'honnête homme.

« La bénédiction du bon Dieu est sur la Briquette, disait-on de toutes parts. Heureux, bien heureux qui vivra sous son toit! C'est comme un pieux sanctuaire d'où s'exhalent les parfums de toutes les vertus : on croit y revoir l'honnête homme. Oh! son ombre sainte, sans doute, y doit errer encore, et ses mains doivent toujours s'élever bénissantes sur ceux qui passent sur le seuil de la maisonnette tant aimée. »

Oui, la bénédiction du bon Dieu était sur la Briquette; car

la bénédiction du bon Dieu, c'est la vertu ; or, cette bénédiction avait comme un signe sensible dans la maisonnette, ce signe, c'était le testament de l'honnête homme et le testament de l'honnête homme consistait en cette parole sainte, par trois fois tracée sur la muraille de la main défaillante de l'aveugle et en caractères à demi-confondus et illisibles pour tous, excepté pour Edouard et Madeleine :

» Dieu châtie celui qu'il aime, comme un père l'enfant qu'il chérit. »

L'amour fraternel inspira aux enfants de l'honnête homme de ces petits arrangements, de ces petites conventions, qu'on pourrait peut-être nommer superstitions, mais superstitions au moins bien naïves, bien touchantes. Ainsi le bail concédé au locataire de la Briquette, pour commencer au jour du départ des orphelins et se terminer au temps où expirerait les sept ans de services d'Edouard Durand, portait que si le frère et la sœur revenaient ensemble avant le temps du congé définitif, c'est-à-dire avant le mois d'avril ou de mai 1814, on vivrait en commun jusqu'à cette époque ; mais que si le frère revenait sans la sœur ou la sœur sans le frère, le locataire quitterait immédiatement la Briquette, quelle que fût la date du retour de l'orphelin.

— Car, disaient les bons enfants en se pressant dans les bras l'un de l'autre, nous aurons besoin de calme, de repos, de silence pour pleurer, et si l'un des deux survit, il n'aura plus qu'à pleurer, hélas !

— Mais à pleurer en espérance, murmuraient encore à la fois le frère et la sœur, en espérance de se rejoindre là-haut ; mais à pleurer en méditant sans cesse le testament de l'honnête homme : Le bon Dieu afflige celui qu'il aime...

Le locataire devait verser le prix de son loyer par douxièmes et entre les mains du bon curé du hameau, pour, le bon curé, pourvoir aux besoins de quatre protégés, sans en rien réserver pour le frère et la sœur.

— Au retour, nous travaillerons, s'étaient dit Edouard et Madeleine. Le travail nous sera un bonheur, si nous sommes tous deux; une consolation, si le frère n'a plus de sœur, si la sœur n'a plus de frère. »

Les tombes chéries du cimetière furent léguées à l'aveugle, à la doyenne et aux deux jumeaux.

Tout était réglée : le frère et la sœur n'avaient plus que les adieux à faire, adieux déchirants; car, Madeleine l'avait bien dit, les enfants de l'honnête homme avaient un père, une mère, des frères, des sœurs dans toutes les huttes du hameau.

Ils allèrent de chaumière en chaumière, et chacun les bénit.

— Cela nous portera bonheur, frère, murmurait Madeleine.

— Oh! que Dieu t'entende! répondait Edouard, et qu'il nous ramène tous deux. Ce n'est pas que je craigne la mort, mais si tu me perdais, tu serais malheureuse, Madeleine, et si je te perdais... car, pauvre petite sœur, tu vas partager mes dangers, mes périls...

— Le bon Dieu est si bon, si puissant! Il gardera le frère pour la sœur et la sœur pour le frère... »

La veille du départ, Edouard et Madeleine firent dire une messe pour le repos de l'âme de l'honnête homme et de Catherine. Toute la population de Saint-Denis se pressa en grand deuil dans le temple rustique : c'était une nouvelle preuve de sympathie et d'affection pour les orphelins.

Ils passèrent le dernier jour bien seuls à la Briquette; ils en avaient fermé la porte et les volets, et nul n'osa venir les troubler dans leur pieux recueillement et leurs saintes prières.

Pendant ce jour, le dernier que le bon Dieu leur donnait ensemble à la Briquette peut-être, ils repassèrent les conseils de l'honnête homme, les paroles bénies des deux mourants; ils redirent la bonne vie d'autrefois, et Madeleine se laissa aller de nouveau à des espérances touchantes et naïves : elle rêva le bonheur encore, le bonheur à deux à la Briquette,

Vers le soir, ils s'agenouillèrent dans tous les coins et recoins de la petite maison, en baisèrent le pavé, firent une longue et dernière prière.

Ils devaient partir le lendemain vers le milieu du jour.

— Ecoute, frère, dit tout à coup Madeleine, je sens tout mon courage faillir à la pensée des derniers adieux. Je n'ai pas la force de voir les pleurs de ces braves gens... Ils nous nomment leurs enfants; ils nous chérissent comme tels : je croirais entendre les plaintes et les gémissements du père et de la mère, voir les larmes et la douleur du père et de la mère... Veux-tu devancer un peu le moment du départ, et quitter le hameau quand tous seront encore plongés dans le sommeil? »

Edouard partageait en tous points les sentiments et les pensées de la chère petite sœur.

On dormit quelques heures.

On partit.

Mais au lieu de prendre immédiatement le chemin d'Auffay, on prit celui du cimetière.

Le soleil en se levant vit les orphelins à deux genoux dans l'herbe mouillée qui couvrait la tombe de l'honnête homme.

— Du courage! s'écrièrent à la fois le frère et la sœur après une longue et fervente prière, et en baisant pieusement la terre sainte des deux tombeaux. »

Ils sortirent du champ béni en se tenant par la main, le front pâle, les yeux noyés de larmes, le cœur plein de sanglots.

Ils se croyaient bien seuls...

Mais, sur le seuil de la petite église, un aveugle, une femme brisée par l'âge, deux enfants, Nicolas, la doyenne, les jumeaux...

La reconnaissance, cette vertu si belle, mais si peu connue, hélas! si peu appréciée peut-être, la reconnaissance est la fille ou la sœur de la charité.

Madeleine s'évanouit dans les bras du frère; c'était sa première marque de faiblesse, ce devait être la dernière, le seul tribut que son cœur de femme payât à la nature.

Edouard traîna la mère Jean dans le chariot de Catherine, qu'on lui avait abandonné sa vie durant, jusqu'à la croix des Trois-Chênes, comme autrefois, au jour du premier départ, il avait traîné la paralytique.

Madeleine guida l'aveugle, comme elle avait guidé le père.

Les jumeaux pleuraient aux côtés de la bonne jeune fille qu'ils nommaient leur mère, leur tendre mère.

A la croix des Trois-Chênes, on se sépara.

— Dites adieu pour nous à tous ceux du hameau, murmurèrent à la fois le frère et la sœur.

— Enfants, c'est trop triste *adieu*, dit l'aveugle avec le doux sourire qui errait constamment sur ses lèvres vénérables, nous dirons *au revoir*. Cela nous portera bonheur à tous : s'il plaît à Dieu, c'est ici que nous vous attendrons dans trois ans, quand Edouard reviendra chargé des lauriers de la victoire, Madeleine couronnée de la gloire de la vertu.

— Peut-être c'est Dieu qui m'inspire, s'écria à son tour la doyenne, la pauvre mère Jean, en étendant en même temps que l'aveugle ses mains bénissantes sur le front incliné des enfants de l'honnête homme, peut-être c'est Dieu qui m'inspire. Enfants, vous souffrirez, vous pleurerez, vous gémirez ; car le bon Dieu afflige ici-bas ceux qu'il aime ; mais, après ces jours de souffrances et de larmes, vous jouirez à la Briquette, et dans les bras l'un de l'autre, de ce parfait bonheur que Dieu donne aussi sur cette terre à ceux qui l'aiment et qui pratiquent la vertu.

VIII

L'année 1811 fut l'une des plus glorieuses de l'empire. On eût dit que la naissance de l'héritier du grand homme (20 mars) portait bonheur à l'empereur et à ses armées. Napoléon était au faîte de la gloire et de la puissance. En Espagne, où la guerre continuait, Soult et Suchet battaient Wellington et Beresford, et la prise de Murcie terminait glorieusement la campagne.

Cependant l'Espagne n'était pas vaincue : une armée était à peine écrasée qu'une nouvelle armée se trouvait réunie sur un autre point. Napoléon était maître de toutes les villes; mais le peuple, toujours armé et plus ardent à la vengeance, occupait les campagnes et se battait héroïquement pour les rois qui l'avaient abandonné.

D'ailleurs l'Angleterre, d'abord seulement alliée de l'Espagne, était devenue partie principale dans cette guerre.

« Cette lutte contre *Carthage,* s'écriait Napoléon cette même
» année 1811, cette lutte contre Carthage, qui semblait devoir
» se décider sur le champ de bataille de l'Océan ou au-delà des

» mers, le sera donc dans les plaines des Espagnols! Lorsque
» l'Angleterre sera épuisée, qu'elle aura enfin ressenti les maux
» qu'avec tant de cruauté elle verse depuis vingt ans sur le con-
» tinent, que la moitié de ses familles seront couvertes du voile
» funèbre, un coup de tonnerre mettra fin aux affaires de la
» Péninsule, et vengera l'Europe et l'Asie en terminant *cette*
» *seconde guerre punique.* »

L'Angleterre frémit à ces terribles paroles du héros, et comprenant qu'il n'y avait plus pour elle de soldats que dans une nouvelle coalition des puissances du Nord, elle se prosterna aux pieds du czar, lui offrant ses trésors en échange du sang de ses soldats.

Alexandre prêta l'oreille à ses propositions, et rompant à la fois et le traité de Tilsitt et le pacte du blocus continental, il ouvrit ses portes aux vaisseaux anglais.

Alors de part et d'autre on se prépara à la guerre.

Napoléon vola comme l'aigle dont il avait placé l'emblème sur ses drapeaux, entraînant avec lui les armées du Wurtemberg, de la Westphalie, de la Bavière et de la Saxe. L'Autriche et la Prusse, qui n'étaient plus que l'ombre d'elles-mêmes, auraient en vain refusé leurs chétifs contingents à ces flots d'hommes qui, par la diversité des races et des langues, faisaient de la *grande armée* comme une réserve du monde.

Plus de six cent mille hommes étaient là, présentant un front qui embrassait toute la largeur de l'Europe, depuis l'Adriatique jusqu'aux mers septentrionales.

Le 22 juin 1812, Napoléon adressa de son quartier général de Wilkowski, cette proclamation à la *grande armée* ;

« Soldats,

» La seconde guerre de Pologne est commencée. La première
» s'est terminée à Friedland et à Tilsitt. La Russie a juré éter-

» nelle alliance à la France et guerre à l'Angleterre; elle viole
» aujourd'hui ses serments : elle ne veut donner aucune expli-
» cation de cette étrange conduite, que les aigles françaises n'aient
» repassé le Rhin, laissant par là nos alliés à sa discrétion. La
» Russie est entraînée par la fatalité; ses destins doivent s'ac-
» complir? Nous croirait-elle donc dégénérés? Ne sommes nous
» plus les soldats d'Austerlitz? Elle nous place entre le déshon-
» neur et la guerre : le choix ne saurait être douteux. Marchons
» donc en avant, passons le Niémen... »

Deux jours après, 24 juin, deux cent mille hommes, et l'empereur à leur tête, passaient le Niémen aux environs de Kowno.

Au moment où Napoléon mettait le pied sur l'autre rive, son cheval s'abattit.

— Un Romain aurait reculé, dit-il froidement à ce signe de triste augure, et il poussa en avant. »

Maîtres du Niémen, les Français occupèrent d'abord Kowno.

L'empereur marcha aussitôt, sur Wilna, capitale de la Lithuanie et de la Pologne russe, place de première importance, et autour de laquelle Alexandre avait voulu concentrer ses troupes.

— Nous allons avoir une bataille décisive, disaient les généraux français.

Mais le czar, n'osant tenter la fortune, battit en retraite après avoir fait sauter le pont de la Wilna et brûlé ses magasins.

Cette bataille décisive, on l'espéra encore sur les rives de la Dwina. Les Russes avaient position dans leur camp retranché de la Drissa. Murat, Macdonald et Oudinot se rangèrent avec leurs corps sur les bords de cette rivière. Mais Alexandre, qui avait juré dans une de ses proclamations de vaincre ou de mourir dans le camp de la Drissa, partit pour Saint-Pétersbourg sous prétexte de presser la levée générale, et Barclai de Trolly, qui commandait en son absence, abandonna subitement ce poste, par son ordre sans doute, pour devancer les Français à Witepsk.

Des rencontres sanglantes, mais non décisives, eurent lieu à Ostrowno et aux environs de cette ville.

Quelques jours après, les deux armées n'étaient plus séparées que par un ruisseau appelé la Lutchissa.

Cette fois, Napoléon croyait fermement que les ennemis accepteraient le combat.

Ils décampèrent pendant la nuit, après un engagement assez sérieux, abandonnant aux Français tout le pays entre le Borysthène et la Dwina, et la ville de Witepsk laissée déserte par ses habitants.

L'empereur craignant d'aller trop loin, voulut concentrer son armée dans cette ville; Alexandre l'attira adroitement sur Smolensk.

Voyant s'étendre au loin, sur la route de cette ville, les colonnes pressées d'une armée russe de cent vingt mille hommes, Napoléon s'écria : Ah ! je les tiens !

Il ne tenait encore qu'un fantôme.

Toutefois, il fallut se battre pour entrer dans Smolensk. On canonna la ville jusqu'au soir. La nuit venue, un redoublement de la clarté eût pu faire croire que l'ennemi mettait plus d'ardeur dans sa défense. Ce redoublement de clarté, c'étaient les premières lueurs de l'incendie que les Russes, en se retirant, laissaient derrière eux.

Les Français continuèrent leur marche rapide, poursuivant sur la route de Moscou un ennemi qui s'obstinait à les fuir.

La redoute de la Schwardina, construite en avant sur un mamelon, fut emportée avec toutes ses pièces. On prit position pendant la nuit. Le lendemain, les deux armées se canonèrent jusqu'à la fin du jour,

Le 7, l'empereur sortit de grand matin de sa tente, et comme le soleil brillait déjà à l'horizon :

— Voilà un beau soleil ! s'écria-t-il ; c'est le soleil d'Austerlitz. »

Puis il adressa à l'armée, rangée en bataille, ces paroles qui firent de chaque soldat un héros :

» Soldats,

» Voilà la bataille que vous avez tant désirée. Désormais, la
» victoire dépend de vous ; elle nous est nécessaire ; elle nous
» donnera de l'abondance, de bons quartiers et un prompt retour
» dans la patrie. Conduisez-vous comme à Austerlitz, à Fried-
» land, à Witepsk, et que la postérité la plus reculée cite avec
» orgueil votre conduite dans cette journée ; que l'on dise de
» vous : *Il était à la bataille de la Moscowa !* »

Et commença cette grande lutte connue dans l'histoire sous le nom de *bataille de la Moscowa*...

L'attaque et la défense furent également acharnées. De toutes parts, on fit des prodiges de valeur. Tous voulaient vaincre ou mourir...

Au plus fort de l'action, on eût pu voir, au milieu d'un des régiments qui se battaient avec plus d'acharnement, et exposée au feu des Russes et au feu des Français, une jeune fille de vingt ans à peine, et portant l'habit de vivandière, parcourant les rangs pressés de nos soldats et distribuer vin et eau-de-vie sans laisser paraître le moindre signe de frayeur. A tout instant, elle se rapprochait du porte-drapeau, faisait un sourire, un geste d'intelligence, et recommençait une nouvelle tournée.

On l'a deviné, c'était la sœur d'Edouard Durand, c'était Madeleine, que l'on désignait au régiment sous nom de *fille de l'honnête homme* ou de *Madeleine Barassaux*.

Le profond amour qu'elle portait au frère lui avait fait dompter sa sensibilité, sa faiblesse, et parvenir à cacher, sous un extérieur calme, les émotions les plus douloureuses et les plus violentes : c'est ce qui nous explique sa présence sur le champ de bataille au moment même de l'action.

Eût-elle pu entendre le bruit du combat et rester au camp! Elle fût morte cent fois d'inquiétude et d'angoisse.

D'ailleurs, la constante étude et l'habitude de toute sa vie avaient été de s'oublier pour les autres, et, pendant les batailles, méprisant le danger, elle était comme le bon ange, comme la Providence de tous ceux du régiment. Elle veillait sur les blessés, consolait et exhortait les mourants, ceux qui tombaient auprès d'elle, hélas! car en vain elle eût voulu les consoler tous, les exhorter tous, les bénir tous!

A la Moscowa, le frère combattait à quelques pas du porte-drapeau, et c'était pour veiller sur le frère, pour le recommander à Dieu, pour voir s'il était là encore, pour se convaincre qu'il n'avait pas besoin, à son tour, des consolations et des exhortations de la petite sœur, qu'elle se rapprochait à tout instant de l'étendard.

Une dernière fois elle y vint.

C'était au moment où les Russes commençaient à plier et à se retirer en désordre.

— Frère, dit-elle, ne sois pas inquiet de mon absence, et viens bien vite, après la victoire, me retrouver au fourgon. Pierre Colas est tombé, et l'on ne peut pas abandonner un *Pays*.

— Il est mort?

— Non, frère; mais je ne sais encore ce qu'il en adviendra. Je te laisse à la garde du bon Dieu, frère... Je te quitte à regret; mais le devoir avant tout, et un Pays, c'est presque un parent. »

Madeleine transporta Pierre dans ses bras hors du gros du combat. Elle le déposa au pied d'un arbre et examina ses blessures.

Les blessures du pauvre garçon étaient graves, mortelles peut-être.

— Qu'en dis-tu, Madeleine? demanda le fils du métayer en

rouvrant les yeux après une longue faiblesse et en voyant de quels soins il était l'objet.

— Je dis, répondit la jeune fille, que malade ou en santé, il faut toujours se recommander au bon Dieu, parce que c'est le bon Dieu qui tient entre ses mains puissantes la vie et la mort.

— Je te comprends, Madeleine! tu consoleras le père et la mère, tu leur porteras mes adieux, et tu leur diras que je suis mort au devoir...

— Allons donc, Pierre, tu n'a plus de courage! Je ne te dis pas que tu vas mourir, et, te le dirais-je, que tu pourrais espérer encore, puisque c'est le bon Dieu seul que cela regarde. »

Tandis que la jeune fille pansait les blessures du pays et le consolait par ses douces paroles et ses exhortations naïves et touchantes, la grande lutte s'achevait...

Aux détonations de l'artillerie se mêlèrent bientôt des chants de triomphe et de gloire. Puis l'on n'entendit plus que quelques coups de canon à de rares intervalles.

— Une victoire! une belle victoire! murmura Madeleine en se signant et en se prosternant à deux genoux. Mon Dieu! si elle pouvait donner la Russie à la France, la paix à l'Europe et le repos aux soldats! »

Et la tête inclinée sur sa poitrine, le sourire et la prière sur les lèvres, les deux mains pressées sur son cœur, Madeleine pensa au frère et à la Briquette, à la Briquette et au frère. Le frère et la Briquette, c'était le bonheur.

— Mais si le frère... Mon Dieu! s'écria-t-elle tout à coup avec angoisse; car une crainte soudaine traversa son esprit, si le frère... »

On s'était battu si longtemps encore après qu'elle avait eu quitté Édouard!

— Oh! non, murmura-t-elle à demi-voix; non, mon Dieu! vous n'auriez point permis que le frère fût frappé, tandis que la sœur accomplissait un acte de charité en soignant le Pays.

» Et si vous l'aviez voulu pourtant, Seigneur, reprit-elle sans pouvoir retenir ses larmes, si vous l'aviez voulu, il me faudrait bien le vouloir aussi... Mais si le malheur était, vous me feriez la grâce de mourir bientôt. »

Quelques soldats passèrent.

En vain elle leur demanda des nouvelles du frère ; ils n'étaient pas du régiment et ne connaissaient point Édouard Durand le fils de l'honnête homme.

Ils aidèrent Madeleine à transporter le blessé au fourgon.

Madeleine avait hâte d'être au fourgon ; c'était là qu'elle avait donné rendez-vous au caporal.

Tous les corps restèrent successivement dans leur cantonnement.

Le régiment dont Edouard faisait partie défila tout entier devant Madeleine. Elle ne vit pas le frère, et combien d'autres étaient absents aussi, mon Dieu !

Elle s'informa ; nul ne savait où était Édouard. Personne ne l'avait vu tomber.

Mais la canonnade n'avait pas encore entièrement cessé, et chaque boulet ne frappait-il point quelques braves ?

Pierre Colas dormait de ce lourd sommeil souvent précurseur de la mort.

— Je ne puis l'abandonner, se disait Madeleine ! s'il s'en allait mourir en mon absence, sans une main amie pour essuyer ses dernières larmes, sans un cœur pour recevoir ses derniers vœux et prier avec lui... D'ailleurs, pendant que je ne serais pas au fourgon, le frère y pourrait venir, et ce serait retarder encore le moment du bonheur. Je lui ai dit : Je t'attendrai ; il faut que je l'attende. »

Des heures passèrent, et Madeleine murmurait toujours, dévorée pourtant d'inquiétude et d'angoisses : « Je lui ai dit : Je t'attendrai ; il faut que je l'attende.

» Mais s'il est tombé, fit-elle avec douleur en voyant le soldat s'incliner à l'horizon, ce beau soleil d'Austerlitz et de la Moscowa, s'il est tombé, c'est lui qui attend Madeleine... Car il ne peut pas être mort, mon Dieu ! il ne peut pas être mort ; mon cœur me dit qu'il vit. Je le sais ; s'il eût été frappé à mort, j'aurais été frappée en même temps ; le boulet l'eût tué, et moi, la douleur. »

N'y tenant plus, la jeune fille confia le Pays aux soins de quelques braves et s'élança vers le champ de bataille.

Le champ de bataille après une action sanglante, mon Dieu ! c'est horrible...

Ici des blessés, là des mourants ; et tous entassés pêle-mêle... Des plaintes, des gémissements, des vœux, des prières... Quelquefois, hélas ! quelquefois des blasphèmes et des imprécations... Des noms de père, des noms de mère, de femme, de sœur ou d'enfants... Un chant de victoire à deux, balbutié par une bouche expirante... ces mots : Vive l'empereur ! Gloire à la France !... Le vainqueur et le vaincu tombés côte à côte, mêlant leurs murmures, confondant leurs sanglots, buvant à la même gourde et mourant la main dans la main ; ou, répétant ces noms également aimés : France et Russie ! Napoléon et Alexandre ! continuant jusque dans les bras de la mort une lutte affreuse, terrible, et cherchant mutuellement à s'arracher un dernier souffle de vie... De bonnes filles de charité prosternées à deux genoux auprès des blessés, et leur prodiguant des soins de sœur ou de mère ; des prêtres élevant de toutes parts sur les mourants des mains bénissantes, murmurant des prières, et disant à tous l'espérance et le pardon ; quelques femmes éplorées, cherchant un époux, un père, un frère, et soulevant avec angoisse des têtes sanglantes et glacées.

Madeleine avança tremblante, mais courageuse, s'arrêtant à tout pas pour porter autour d'elle un regard désolé.

— Les pauvres gens ! les pauvres gens ! murmurait-elle. Et dire qu'ils ont peut-être un père, une mère, qui les aiment comme l'aveugle et Catherine aimaient le frère ; une sœur, ô mon Dieu ! une sœur...

Et elle ajoutait avec une angoisse indicible :

« Si le frère était au milieu d'eux !... Non, non, c'est impossible : Dieu est si puissant ! Dieu est si bon ! Il est bon et puissant, et pourtant il permet les batailles, et pourtant il permet qu'un boulet vienne en un instant enlever un fils à sa mère, un frère à sa sœur, un père à son enfant... O mon Dieu ! mon Dieu ! le frère... Faites, au moins, qu'on nous ensevelisse tous deux dans le même cercueil ! »

Après avoir longtemps marché dans diverses directions sans parvenir à s'orienter dans cette plaine immense toute remplie de blessés, toute remplie de mourants, toute remplie de chants de triomphe et de cris de douleur, elle reconnut donc l'endroit où elle avait laissé le frère.

— Oui, c'est ici, c'est bien ici, murmura-t-elle en se prosternant à deux genoux et en promenant avec effroi ses regards autour d'elle. C'est là, un peu plus loin, que Colas est tombé... Et voilà bien tous ceux du régiment : Paul Fabre, le pauvre homme, si joyeux hier ;... André Rustaud. Voyez la Providence, ce matin, je lui ai fait faire sa prière... Et Jacques Lefèvre, ah ! mon Dieu ! le pauvre Jacques avait une mère... Et Nicolas Trudon, et Séverin Lecoffre, et Mathieu Filouvin : l'empereur a perdu là un brave... Et lui aussi Charles Deschamps !... lui aussi, lui qui avait une sœur, une autre Madeleine, comme il disait au fils de l'honnête homme... Si elle aimait le pauvre enfant tout comme j'aime le frère, qu'elle expire en apprenant sa mort.

— C'est toi, Madeleine Barassaux, ange de bon secours ? murmura à quelques pas une voix légèrement tremblante.

— Qui m'appelle ? soupira la jeune fille en reposant doucement sur la terre la tête de Charles Deschamps, qu'elle avait soulevée, s'imaginant un instant que c'était le frère.

— Viens par ici, Madeleine, répéta la même voix. »

Madeleine fit quelques pas.

— Ah ! c'est toi, père Duval ! dit-elle en apercevant un malheureux soldat qui gisait sur un tas de morts.

— Madeleine, une belle victoire ! qu'en dis-tu ! On s'en souviendra, va, de la Moscowa, et son nom passera à la postérité. L'affaire a été affreuse, sanglante. C'est ma dernière, mais c'était une bonne ! Si l'on ne m'enterre pas au milieu de ces Russes maudits, l'empereur me mettra à la retraite ; car il ne veut pas de grognards à une jambe.

— Pauvre Duval ! Et tu as le courage... Tu ne souffres donc pas ?...

— Si je ne souffre pas, Madeleine ! Non, non, les damnés, avec toutes leurs flammes, ne sauraient plus souffrir... Mais patience, patience, leur tour viendra, et quand je serai à l'ambulance, on me soulagera peut-être. Tiens, je souffre encore plus de me sentir sur ces mécréants ; car ce sont tous Russes qui me servent de couche, et, je m'en vante, c'est mon ouvrage : cinq ! et cela en moins de rien ; mais le sixième a été le plus fort et m'a emporté ma pauvre jambe. N'importe : Vivent l'empereur et la France !... Si ma jambe pouvait repousser, je me vengerais sur cinq autres. Mais que chacun en fasse autant, et l'on verra si Alexandre lutte longtemps contre le grand Napoléon. »

Tandis que Duval parlait, Madeleine continuait autour de lui sa recherche pénible et affreuse.

— N'as-tu pas vu le frère ! dit-elle enfin au blessé.

— Le frère ! c'est le frère que tu cherches, le fils de l'honnête homme ? Il n'est pas là ; tranquillise-toi, Madeleine : il rejoignait les autres qui se ralliaient à quelque distance quand, les apercevant, il s'arrêta un instant près de moi : « Duval, me dit-il, si la sœur peut quitter Pierre, elle viendra avec moi ; nous amènerons le fourgon, et nous te trasporterons à l'ambulance. Alors il m'a quitté en courant, parce qu'il pensait que s'étant un peu attardé, tu devais être inquiète, Madeleine. Tiens, il a pris par derrière ces buissons que tu vois là-bas à gauche, à une portée de fusil environ. »

La jeune fille allait s'élancer dans la direction indiquée quand Duval la supplia, au nom du bon Dieu, de le délivrer de sa couche funèbre et de le traîner à quelque distance des cadavres sur lesquels il était tombé.

Toute pressée qu'elle fût de rejoindre le frère, Madeleine prêta aide au blessé, se dépouilla d'une partie de ses vêtements pour lui faire la terre moins dure, l'arrangea de son mieux, et lui donna l'une de ces petites gourdes pleines d'eau-de-vie qu'elle portait toujours sur elle les jours de bataille.

— Si le frère se porte bien, dit-elle en le quittant, nous viendrons tous deux avec le fourgon, ou l'un de nous au moins; s'il est tombé, je ne me résignerai pas à quitter le frère blessé ou mort; mais je ne t'oublierai point, père Duval, et je t'enverrai du secours.

— Va, ma fille, répondit le vétéran en bénissant la jeune vivandière; va, et que Dieu te guide, te soutienne, te protège... »

Le buisson n'était qu'une chétive haie de troène et d'églantiers s'élevant à trois ou quatre pieds environ du sol, et pourtant le buisson était un affreux guet-apens.

Trois Russes, quittant leurs rangs quand la défaite d'Alexandre avait été certaine, s'y étaient embusqués. Misérables fanatiques, ils s'étaient imaginés que, s'ils parvenaient, ce même jour, à massacrer cent Français, ils assureraient la délivrance de la patrie, le triomphe d'Alexandre, la chute du héros, sa mort peut-être...

Cachés dans le buisson, ils en sortaient tout à coup quand quelque malheureux s'aventurait par le sentier désert.

Un contre deux, tel était le serment juré; c'est-à-dire qu'ils ne risquaient point l'attaque quand plus de six Français passaient à la fois derrière la petite haie.

Par deux fois, ces lâches, qui s'étaient condamnés eux-mêmes à la honte de frapper par surprise, de frapper par derrière, de frapper par conséquent un ennemi sans défense, par deux fois ces lâches s'étaient trouvés un contre deux. A la première rencontre, ils avaient pu massacrer nos soldats qui, se croyant en sûreté et marchant sans précaution comme sans défiance, n'avaient même point eu le temps de se reconnaître. A la seconde, la lutte avait été horrible, sanglante ; mais, telle est la force que donne le fanatisme, les six Français étaient morts, et deux des Russes seulement avaient mordu la poussière.

— Un maintenant contre trois pour venger les camarades, avait dit en rentrant dans le buisson celui qui seul était sorti victorieux de cet horrible combat.

Le père Duval nous l'a dit, le pauvre Édouard, pour abréger son chemin de quelques pas et rejoindre un peu plus tôt la petite sœur, avait pris par la haie de troène.

Quand Madeleine tourna le buisson, elle entendit ce mot distinctement murmuré à deux pas d'elle :

— C'est une femme... »

Elle s'arrêta frémissante.

Cette voix qui avait frappé ses oreilles dans un lieu où régnait maintenant un silence de mort, dans un lieu qui semblait un vaste tombeau ; car vingt, trente, quarante cadavres peut-être jonchaient la terre autour d'elle...

Mais bientôt elle oublia la voix, la terreur même qui avait un moment glacé ses sens à la vue de tant de morts, pour ne penser qu'au frère...

— Mon Dieu ! le frère, le frère... »

Hélas ! elle l'aperçut bientôt gisant, la tête ensanglantée, au milieu des cadavres.

D'abord, elle ne put dire que ce mot : Le frère...

Puis, s'agenouillant près du fils de l'honnête homme :

— Mon Dieu ! vous l'avez voulu !... s'écria-t-elle. Ah ! puisque vous avez pris le frère, prenez aussi la sœur; puisque vous avez pris Édouard, prenez aussi Madeleine.

» Mais, non, ajouta-t-elle, je serais morte du coup, et je vis... Ah ! si je vis, il vit, il doit vivre... »

Elle s'empressa auprès du blessé, lui prodigua avec des sanglots, des larmes, des prières, les soins les plus touchants.

Édouard n'était point mort, puisque le sang s'échappa encore à flots de sa blessure quand elle eut soulevé à demi sa tête entre ses mains tremblantes.

Le frère n'était point mort; le frère lui serait rendu : son cœur le lui disait... Peut-être la mère, du haut des cieux, l'honnête homme, la bonne Vierge lui envoyaient cet espoir, cette douce confiance...

— Je l'attendais et il m'attendait, murmurait en même temps la bonne sœur, et si je n'étais pas venue, il serait mort... mort, ô mon Dieu ! et mort sans Madeleine pour l'aider à mourir. »

L'espérance de conserver le frère se changea bientôt en certitude. La blessure n'était pas grave. La faiblesse d'Édouard était seulement causée par l'abondance du sang qu'il avait perdu.

Il rouvrait les yeux quand ces odieuses paroles frappèrent les oreilles de Madeleine :

— Un qui croit s'en sauver, mais il compte sans mon vieux...»

En un instant, le Russe, s'élançant hors du buisson, fut auprès du frère et de la sœur.

Il brandit sa lourde épée, souillée encore du sang de tant de braves, sur la tête du fils de l'honnête homme.

— Arrête ! c'est le frère .. le frère de Madeleine...» s'écria la jeune fille en se trouvant, par un mouvement plus rapide que l'éclair, entre le blessé et le lâche assassin.

Il y avait tant de douleur, tant de prière dans la voix de Madeleine, que l'épée tomba des mains du farouche soldat.

— Au moins, dit-il en détournant la tête, au moins, emporte-le d'ici... Tous ceux dont les pieds touchent ce sentier doivent mourir. Un contre trois!

— La retraite a sonné, murmura la vivandière, la nuit tombe... Mon Dieu! vos bras ne sont-ils pas lassés...

— Emporte-le loin d'ici, répéta le fanatique homme d'armes en montrant de la main le frère que le péril de la petite sœur avait fait s'évanouir encore.

Comme il achevait ces mots, des pas retentirent au détour du buisson.

C'était un officier supérieur, mais seul, à pied. Il venait sans doute d'accomplir quelque pieux pèlerinage au champ de bataille, devenu champ de mort, de payer un tribut de souvenir ou d'amour à un ami, un frère.

Le Russe courut le sabre au poing; mais il avait été prévenu par Madeleine... Déjà elle couvrait de son corps l'officier, qui n'avait point eu le temps de se mettre en garde.

— Tu n'oserais frapper une femme! cria-t-elle de sa voix la plus suppliante, et en bénissant de ses regards le frère, le frère sur qui elle voyait s'assouvir déjà la rage du fanatique.

« Et maintenant tu serais prisonnier, si je n'intercédais pour ta liberté, ajouta-t-elle en entendant des pas de chevaux lancés au galop et en voyant à peu de distance l'empereur lui-même, accompagné de Ney, qu'il venait de saluer du glorieux titre de prince de la Moscowa, et de quelques officiers avec qui il avait visité le champ de bataille pour encourager les blessés, consoler et bénir les mourants.

» Et maintenant, tu mourrais à ton tour, dit-elle encore, si je n'implorais pour ta vie...

— Sire, mon sauveur! s'écria l'officier, l'un des plus illustres généraux de Napoléon et l'un des amis de l'empereur (car l'empereur avait des amis, et il méritait d'en avoir), mon sauveur! »

Et il présenta la jeune fille au héros en disant en deux mots ce qui s'était passé.

— Ton nom ? dit le monarque avec un sourire.

— Madeleine Durand, la fille de l'honnête homme. »

Napoléon sourit de nouveau à ce titre naïf.

— Vivandière ? dit-il.

— Oui, Sire. »

Peut-être le grand homme devina le dévouement de Madeleine sur son front rougissant, sur ses lèvres tremblantes.

— Tu as un père, un frère ? demanda-t-il avec une touchante bonté.

— Un frère... un frère... soupira Madeleine en pressant avec délices ses mains sur son pauvre cœur. »

Et, sans pouvoir dire autre chose, elle répéta :

— Un frère... un frère... »

Elle ne pensait plus alors à l'illustre guerrier, le maître du monde ; elle pensait à Dieu, à ce Dieu si puissant, si bon qui avait sauvé le frère.

— Et le fils de l'honnête homme est un brave ? reprit l'empereur.

— Il a eu la croix à Wagram. »

— Les épaulettes ?

— Non, Sire, les chevrons.

— Demain, il aura les épaulettes, et toi, sainte et courageuse fille, fais des vœux pour Napoléon. »

En même temps, il détacha la croix qui brillait sur sa poitrine et l'attachait à l'épaule de la vivandière.

— Que dans mon palais des Tuileries on me parle des enfants de l'honnête homme, ajouta-t-il en lançant au galop son cheval de bataille. »

IX

Il serait difficile de peindre l'enthousiasme, l'admiration, le bonheur de nos soldats quand, des hauteurs du mont du Salut qui domine la *ville sainte*, ils aperçurent Moscou, cette grande cité à demi-asiatique, à demi-européenne, couronnée de huit coupoles dorées qui reluisaient au soleil, et surmontée des clochers de ses huit cents églises.

— Moscou !... Moscou !...

Ce nom fut dans tous les cœurs, sur toutes les lèvres.

Oui, Moscou... mais Moscou silencieux, mais Moscou désert.

Bientôt il fut rempli de bruit, de mouvement, de chants de triomphe et de gloire, et le vieux palais des ducs et des czars s'ébranla sur ses fondements à ces cris cent fois, mille fois répétés : Vive l'empereur ! vive la France !

Ce ne fut que vers le soir que le petit fourgon de Madeleine entra avec l'arrière-garde dans la *ville sainte*.

Au matin, le petit fourgon portait trois blessés, le frère, le vétéran Duval et Pierre Colas. Deux heures après, hélas ! il avait fallu s'arrêter, et laisser en route, au pied d'un arbre et légèrement recouvert de terre, le cadavre du Pays, du pauvre Pays, qui avait expiré dans les bras de la vivandière en recommandant le métayer et sa femme à la charité et à l'amour filial du bon ange du hameau.

Le frère allait mieux. Pour un soldat, sa blessure à la tête n'était, à proprement parler, qu'une égratignure, et il espérait bien combattre à la première action. Il était encore d'une faiblesse si grande qu'il ne pouvait se soulever; mais à vingt ans les forces reviennent vite.

Il avait les épaulettes...

Il les devait, il est vrai, au courage et au dévouement de la chère petite sœur, mais les épaulettes n'en étaient pas moins un attachement vers cette gloire qu'il avait rêvée sur la route d'Auffay à Rouen, le jour où, pauvre conscrit, il quittait tristement le village le sac sur le dos.

— Sers le pays pendant sept ans, frère, murmurait la voix douce et caressante de Madeleine, quand le frère se laissait aller à ses rêves brillants d'avenir, c'est ton devoir... Mais après, oh! laisse là la gloire, et retournons bien vite à la Briquette. Tu sais, Edouard, tu sais, la mère le disait, et c'est bien vrai, la gloire n'est pas le bonheur.

— Mais le grand homme a dit : Que dans mon palais des Tuileries on me parle des enfants de l'honnête homme.

— Hélas! il n'est point dans son palais des Tuileries... Le palais du Kremlin en est bien loin, mon Dieu! et qui sait, frère, ce qui arrivera avant que la grande armée ne rentre à Paris?.. »

Ni les épaulettes données au fils de l'honnête homme, ni la croix attachée sur sa poitrine par la main du héros lui-même, n'excitaient l'enthousiasme de notre Madeleine. La guerre lui apparaissait toujours sanglante, horrible, hideuse, telle qu'elle avait apparu à Catherine, la pauvre mère! Pour elle, c'étaient des larmes, du sang..

Au fond du fourgon et sur un bon lit de paille, reposait le père Duval, qu'on n'avait eu garde d'oublier au champ de la Moscowa, et qui avait préféré rester avec le frère et la sœur, qu'il nommait ses enfants et qui le nommaient leur père, que d'aller à l'ambulance.

Duval était aussi bien qu'il pouvait l'être ; mais, hélas ! il avait laissé sa jambe droite à ces *Russes maudits*, comme il continua à désigner les soldats d'Alexandre.

Nous n'avons point dit que le petit fourgon, bien garni au départ de Metz et traîné par un bon cheval, avait été acheté par la vivandière avec les épargnes faites à la garnison;

Qu'elle avait travaillé à la garnison ! avec quelle activité, quelle ardeur, quel zèle elle avait blanchi et raccommodé le linge de tous ceux du régiment. On lui avait écrit du pays que la doyenne était malade, et elle savait que l'on dépense grand argent dans les maladies ! Après l'achat du fourgon, des provisions et du cheval, elle avait pu encore faire passer deux cents francs au bon curé du hameau pour le soulagement de la digne femme et le besoin des autres protégés.

Envoyé successivement dans différentes parties de la ville pour retrouver le régiment, le petit fourgon errait encore à l'aventure, portant toujours ses deux blessés, et conduit par Madeleine, qui allait à pied pour soulager un peu le pauvre cheval ; le petit fourgon errait encore à l'aventure dans l'un des quartiers les plus déserts de Moscou, quand, à la nuit sombre qui enveloppait la *ville sainte* comme d'un voile de deuil, succédèrent tout à coup d'horribles clartés.

Des flammes jaillirent de toutes parts... des fenêtres de toutes les maisons s'échappèrent des laves brûlantes... Moscou s'était embrasé en un instant comme un immense bûcher.

Les êtres abjects entassés dans les cachots de la vieille cité avaient vu briser leurs chaînes par le gouverneur lui-même, le farouche Rostopchin. Il leur avait mis une torche à la main avec ces mots horribles : Allez, et brûlez, sans épargner rien.

Heureux de trouver le pardon et l'expiation du crime dans le crime même, ces misérables avaient porté les flammes de quartier en quartier, de place en place, de rue en rue, de palais en palais, de maison en maison.

Ces troupes errantes, ces fanatiques sont arrêtés la torche encore à la main, on les fusille. Mais l'incendie gagne, gagne encore...

Bientôt le Kremlin est embrasé, le Kremlin où l'empereur, où le maître du monde repose sur des monceaux de projectiles et de poudre...

Il en faut sortir, en sortir à tout prix : la flamme assiége toutes les issues.

L'empereur est-il donc venu chercher un bûcher dans l'antique palais des ducs et des czars? Est-ce au milieu d'un incendie que doit se terminer cette existence si extraordinaire, si pleine de gloire? Est-ce dans des flammes que doit s'éteindre ce génie si brillant?

On découvrit enfin une poterne donnant sur des rochers qui donnaient dans la Moscowa.

Quelques instants après, Napoléon était hors du Kremlin, mais non hors de péril. Tout brûlait encore autour de lui...

» Une seule rue, dit un témoin oculaire (M. de Ségur, *Histoire de la campagne de Russie*), une seule rue étroite, tortueuse et toute brûlante, s'offrait plutôt comme l'entrée que comme la sortie de cet enfer. L'empereur s'élança à pied sans hésiter dans ce dangereux passage. Il avança au travers du pétillement de ces brasiers, au bruit du craquement des voûtes et de la chute des poutres brûlantes et des toits de feu ardent qui croulaient autour de lui. Ces débris embarrassaient ses pas. La flamme, qui dévorait avec un bruissement impétueux les édifices entre lesquels il marchait, dépassant leur faîte, fléchissait alors sous le vent et se recourbait sous nos têtes. Nous marchions sur une terre de feu, sous un ciel de feu... Nos mains brûlaient en cherchant à garantir notre figure d'une chaleur insupportable et en repoussant les flammèches qui couvraient à chaque instant et pénétraient nos vêtements. Dans cette inexprimable détresse et quand une course rapide paraissait notre seul moyen de salut, notre guide, incertain et troublé, s'arrêta. Là se serait peut-être terminée notre vie aventureuse, si des pillards du premier coup n'avaient pas reconnu l'empereur au milieu de ces tourbillons de flammes. Ils accoururent et le guidèrent vers les décombres fumants d'un quartier réduit en cendres. »

Il arriva enfin au château impérial de Petrowski, dans les cantonnements du prince Eugène.

— Quel effroyable spectacle! murmura-t-il avec douleur. Ce sont eux-mêmes! Tant de palais! Quel révolution extraordinaire! Quels hommes! Ce sont des Scythes!»

Que devenait pendant ce temps notre petit fourgon avec son pauvre cheval qui n'en pouvait plus de fatigue, ses blessés, la jeune fille?...

Madeleine, désespérant de rejoindre le régiment au sein d'une telle confusion, ne cherchait plus qu'un lieu où le frère et le vétéran fussent en sûreté; mais où le trouver, hélas!...

Enfin, après mille dangers, mille périls, après deux heures de marche, peut-être, elle gagna un quartier non atteint encore par les flammes.

Elle s'y arrêta.

— Donne-moi un verre d'eau, Madeleine, murmura alors le vétéran Duval qu'une fièvre ardente consumait. Ah! je donnerais la moitié de ce qui me reste à vivre pour quelques gouttes d'eau...»

Ces paroles du brave homme navrèrent de douleur le cœur de la vivandière. Où trouver ce verre d'eau, mon Dieu! Elle aussi l'eût payé des plus grands et des plus généreux sacrifices...

Des plaintes, le pauvre soldat passa aux gémissements.

— Père Duval, dit alors la jeune fille, ce dont nous avons besoin ici-bas, il nous faut toujours le demander à Dieu; cherchons et espérons... Il a bien montré la source au désert à la malheureuse Agar, il a bien fait jaillir d'un rocher des ondes abondantes sous la verge de Moïse... »

Madeleine avait frappé à toutes les portes : un silence de mort lui avait seul répondu.

— Rien de plus facile, Madeleine, dit enfin le frère ; prends mon fusil et enfonce l'une de ces portes... Ces maisons sont abandonnées... »

La jeune fille essaya ; mais, hélas ! ses mains étaient faibles et inhabiles.

Enfin elle aperçut une faible lueur à l'une des fenêtres de ces maisons vides et désertes.

— Courage, père Duval ! s'écria-t-elle. Ah ! ne vous disais-je pas bien qu'il nous faut toujours recourir à Dieu.

» Dieu est si puissant ! Dieu est si bon ! ajouta la jeune fille en levant au ciel un regard d'actions de grâces. »

Le fourgon fut amené devant la maisonnette.

Madeleine frappa, priant Dieu encore afin que cette porte s'ouvrît devant elle.

La porte resta close ; mais, de la petite fenêtre, une voix de femme demanda, tremblante, à demi-gémissante, ce que l'on désirait.

— Pour l'amour de Dieu et de la bonne Vierge, un verre d'eau, Madame, répondit Madeleine.

— Une femme ! répéta la voix.

— Oui, une femme qui vous implore pour un brave soldat qui est presque son père. »

La propriétaire de la maison parut sur le seuil, un enfant dans ses bras, un petit garçon de quatre ou cinq mois à peine.

C'était une belle jeune femme ; mais au regard languissant, aux joues amaigries, au front pâle. Elle portait des vêtements de deuil.

Elle donna le verre d'eau demandé.

Madeleine était effrayée de passer la nuit sans protection, sans escorte, au milieu d'une ville ennemie, d'une ville remplie de pillards français et russes, de fanatiques incendiaires. Une petite cour attenait à la petite maison; elle demanda à mains jointes qu'il lui fût permis d'y retirer le fourgon pendant quelques heures.

— Pourquoi prier! interrompit la jeune femme avec une brusquerie qui contrastait singulièrement avec la douceur angélique de son visage. Les Français ne sont-ils pas maintenant les maîtres à Moscou; dites-moi : Ouvrez cette porte; et, faible femme, malheureuse veuve abandonnée, je vous obéirai...

» Parce que je céderai à la nécessité, parce que je plierai sous la force, ajouta-t-elle avec un accent de profonde douleur.

» Mais, ne priez pas, reprit-elle après une légère pause et en sanglotant, ne priez pas... je repousserais votre prière... Puis-je recevoir des Français sous mon toit, quand les Français m'ont pris un époux à Wilna et un frère chéri à Smolensk? »

Un frère! un frère!... » répéta Madeleine en pleurant avec la veuve et en se laissant aller à deux genoux devant elle, comme pour lui demander grâce et pardon.

La porte se ferma brusquement; mais presqu'au même instant se rouvrit la petite fenêtre du premier étage, et une clé tomba aux pieds de Madeleine.

— Elle a raison, peut-être, balbutia la jeune fille en posant la clé sur le seuil et en retournant au fourgon; mais je n'aurais pas le courage de repousser la prière d'un Russe, ce Russe m'eût-il pris mon frère. »

Et elle ajouta :

« C'est qu'elle aimait d'un amour plus violent et plus fort... Pourtant je donnerais cent fois ma vie pour le frère... »

Madeleine allait s'éloigner de cette maison inhospitalière, quand des voix sinistres s'élevèrent menaçantes dans ce quartier qu'elle avait cru entièrement abandonné; mille cris répétèrent :

— Au feu! au feu! A mort les Français!...

— Sœur ! hâte-toi ! cria le frère...

— Madeleine, Madeleine, murmura du fond du fourgon le pauvre blessé, ô Madeleine, prends le frère dans tes bras et sauve-le des flammes... Allez, mes enfants... allez ; il me reste si peu à vivre.. Allez, je vous bénis... Priez Dieu quelquefois pour le pauvre soldat... et restez toujours bons et honnêtes.

— Nous serons tous sauvés, père Duval, murmura la jeune fille, Dieu est si puissant ! Dieu est si bon ! »

Cette exclamation de foi, de confiance et d'amour se retrouvait à tout instant sur les lèvres de Madeleine.

Au même instant, des cris déchirants s'élevèrent dans la maison de la jeune veuve, des cris d'enfants, des cris de femmes...

— Ma mère, disait une voix suppliante et pleine de sanglots, ma mère, au nom de ces innocents qui vous implorent, au nom du Dieu qui défend qu'on attente à ses jours, ma mère, fuyons, fuyons...

— Non, répondait une autre voix, une voix grave et lente, non ; c'est ici que je suis née, c'est ici que j'ai vécu, c'est ici que je veux mourir...

— Hâte-toi, Madeleine, ma pauvre Madeleine, répéta Edouard Durand. Dieu m'est témoin que je ne crains pas la mort ; mais te voir mourir, toi, mon ange, mon bonheur, ma vie... »

Madeleine saisit la bride du cheval, s'élança précipitamment, délirante à la fois de crainte et de douleur.

Le feu gagnait avec une rapidité effrayante, dans cette partie de la ville presqu'entièrement construite en bois... La petite rue se remplissait de flammes, de décombres...

— Ayez pitié !... ayez pitié !... cria encore la voix de la jeune femme, ayez pitié ! Une veuve... sa mère... ses enfants...

— Une veuve ! sa mère ! ses enfants ! répéta Edouard en essayant de se soulever sur sa couche de paille.

— O frère ! frère ! c'est affreux... soupira Madeleine en s'arrêtant tout à coup, puis en précipitant de nouveau ses pas.

Quelques minutes après, elle sortait de cette rue où elle avait couru tant de dangers. Une sorte de jardin s'étendait devant elle : elle y arrêta le fourgon.

— Frère, dit-elle alors en éclatant en sanglots, ces mots : une veuve, sa mère, ses enfants, retentissent encore dans mon cœur. Ils troubleront à jamais mon repos, frère, premets-moi d'essayer de les arracher à la mort. Ce que nous faisons pour les autres, le bon Dieu nous le rend au centuple.

— Va, sœur, c'est le devoir.. murmura douloureusement le fils de l'honnête homme en pressant la main de la bonne fille sur son cœur et en versant des larmes brûlantes.

— Adieu, frère... Dieu veillera sur moi ! »

Madeleine s'élança de nouveau dans la petite rue devenue un brasier ardent.

Elle retrouva la maison inhospitalière.

L'effroi, la terreur, le désir de sauver les infortunés, le souvenir du frère doublaient, triplaient ses forces ; elle enfonça la porte..

Elle gravit le petit escalier.

Quel spectacle !

La pauvre jeune veuve, agenouillée aux pieds d'une bonne vieille, pressait d'une main le nouveau né sur son cœur défaillant, de l'autre bras enlaçant deux petites filles gémissantes.

— Fuyez, fuyez ! cria Madeleine en relevant la veuve ; emportez vos enfants... Suivez la rue à droite... C'est possible encore ; dans quelques minutes, peut-être, il ne sera plus temps... Vous trouverez le fourgon.

— Ange de charité ! murmura la jeune femme en déposant le nouveau-né dans les bras de la vivandière ; c'est Dieu qui t'envoie pour sauver mes enfants !... Oh ! hâte-toi... précipite tes pas., une seconde, c'est un siècle... Sauve mes enfants ; moi, je dois mourir avec ma mère...

— Non, vous ne mourrez pas ! reprit la jeune fille ; vous serez tous sauvés : la mère, la veuve, les enfants... Mais, fuyez; au nom de Dieu, fuyez...

—La mort plutôt que d'abandonner ma mère...

— Je suis née ici, j'ai vécu ici, soupira alors la bonne femme, pauvre vieille octogénaire, c'est ici que je veux mourir.

— Fuyez avec vos enfants, répéta Madeleine; je sauverai la mère en dépit d'elle-même... Fuyez, je vous réponds de sa vie sur ma vie... Je vous réponds de sa vie sur le frère. »

La jeune femme s'élança, emportant à la fois les trois innocents.

Alors une lutte terrible, furieuse, s'engagea entre la fille de l'honnête homme et l'octogénaire. Cette lutte, Madeleine ne l'avait point osée devant la veuve; mais la force seule pouvait triompher d'une telle résistance.

Vingt autres peut-être, obéissant à cet instinct de conservation que Dieu a mis en nous, eussent abandonné la malheureuse au triste sort qu'elle avait choisi; mais Madeleine fût morte plutôt avec elle, faisant généreusement le sacrifice de sa vie; sa vie, c'était peu de chose; mais faisant l'immense sacrifice du bonheur du frère...

Enfin, la vivandière, le visage ensanglanté, les vêtements à demi-déchirés, parvint à se saisir de l'infortunée et à l'emporter dans ses bras.

N'était-il point trop tard, mon Dieu!...

Des flammes, des flammes, et encore des flammes, et partout des flammes...

Sans la pensée du frère, Madeleine n'aurait point eu le courage... Elle eût reculé devant ces flots brûlants de l'océan de feu.... elle se fût agenouillée dans le coin le plus reculé de la maisonnette, et elle eût attendu la mort en priant...

Mais le frère, le frère dont sa mort briserait le bonheur; dont sa mort causerait peut-être la mort...

Elle s'élança, chargée de son précieux fardeau...

Le bon Dieu garda la bonne sœur. Peut-être lui ouvrit-il un

chemin frais et agréable à travers les flammes... peut-être il lui envoya ses anges pour la conduire et la protéger.

Il est si puissant ! il est si bon !

Peut-être aussi il permit que, du haut des cieux, Catherine et l'honnête homme contemplassent le délicieux spectacle du dévouement héroïque de celle qu'ils avaient nommée leur fille.

Madeleine arriva au fourgon presqu'au même temps que la jeune femme.

La veuve reçut dans ses bras la malheureuse octogénaire, qui, maintenant, remerciait à mains jointes son ange sauveur.

L'octogénaire, la veuve, le vétéran, les enfants, la sœur et le frère confondirent leurs larmes et leurs vœux...

Le vieux soldat interrompit enfin la prière d'action de grâces par ce mot, qui dut vibrer au fond du cœur de la jeune Russe comme un remords amer :

— N'est-il pas bien vrai que le verre donné au nom du bon Dieu a aussi sa récompense.

X

Les flammes avaient tout consumé :

Plus d'asile, plus de ressources...

Espérant un traité, Napoléon resta tout un mois sur ces ruines fumantes, sur ces ruines qui donnaient de l'or, mais, hélas ! pas de pain...

Enfin il songea à la retraite.

Le 18 octobre, la grande armée quitta Moscou.

La grande armée !...

Des quatre cent mille hommes qui avaient passé le Niémen, le 24 juin, il n'en restait plus que cent mille.

A quelques lieues de Moscou, les Russes reparurent battant la campagne, arrêtant les courriers, massacrant les fourrageurs, enlevant les convois.

Après un combat sanglant, furieux, ils cédèrent enfin aux Français, non la route de l'Ukraine, mais celle de Smolensk, c'est-à-dire le désert que le premier passage avait fait du Niémen à la Moscowa.

Alors la famine devint horrible... On se disputait les bêtes de somme, n'attendant point qu'elles mourussent elles-mêmes de fatigue et de faim ; mais les massacrant sans pitié.

Aux Russes, qui harcelaient sans cesse la marche et qui attaquaient chaque jour nos troupes en désordre ; à cette famine, qui tuait plus d'hommes encore, vint se joindre bientôt un autre ennemi terrible dans ces affreuses plaines du nord, le froid... Nos soldats moururent alors par milliers...

Le 13 novembre, on revit Smolensk.

Encore des ruines.

Il fallut camper dans les rues par un froid de vingt-deux degrés.

En sortant de Smolensk, l'armée ne comptait plus que trente sept mille hommes.

Le petit fourgon des enfants de l'honnête homme avait quitté Moscou, portant le vieux soldat, l'octogénaire et les trois petits enfants. Édouard, complètement guéri de sa blessure, la jeune veuve et la vivandière l'escortaient à pied.

Mais dans les premiers jours de novembre, l'octogénaire était morte de froid : et pourtant sa fille, et pourtant Madeleine s'étaient dépouillées pour elle d'une partie de leurs vêtements. Moins d'une semaine après, l'une des petites filles était allée rejoindre sa grande mère.

Restaient le vétéran et deux enfants. C'était trop encore pour le pauvre cheval, qui tomba de besoin, d'épuisement aux portes de Smolensk.

Il fallut abandonner le fourgon.

La jeune Russe n'avait plus d'amis au monde que les enfants de l'honnête homme. Les enfants de l'honnête homme lui avaient offert, avec leur amitié, l'asile de la Briquette. Elle persista donc à les suivre ; mais, hélas ! que de fatigues, que de souffrances, que de maux !

Bientôt les provisions dont s'étaient chargés nos amis en abandonnant le fourgon, mais qu'ils partageaient avec tous ceux qui avaient faim, les provisions s'épuisèrent... Ils sentirent, comme tant d'autres, les angoisses de la faim.

Non, on ne peut se faire l'idée de telles souffrances, d'un tel désastre. Il faut avoir vu nos soldats se disputer, s'arracher un lambeau de chair, une bouchée de pain... Il faut les avoir vus se laisser aller avec découragement sur la terre, n'ignorant pas que là où ils s'asseyaient ils devaient mourir ; car, sur le sol glacé de la Russie, le repos, c'est la mort !

Le découragement s'emparait quelquefois du cœur du pauvre Édouard, le désespoir exaltait celui de la jeune veuve ; tous deux alors contemplaient Madeleine, Madeleine pâle, maigre, exténuée, mais toujours résignée, et répétant encore, confiante dans l'avenir :

— Dieu est si puissant ! Dieu est si bon ! »

On arriva à la Bérésina, que les Russes avaient désignée à l'avance comme le tombeau des débris de la grande armée.

On fit l'appel avant le passage ; il ne restait point tout à fait trente mille hommes. Sur ces trente mille hommes, dix mille à peine étaient en état de combattre, et trois armées russes nous pressaient sur les rives du fleuve, en flanc, en tête et en queue.

Après ce terrible passage, il ne devait rester que huit mille hommes.

Il fallait tromper l'ennemi ; on y réussit par une démonstration sur Borizow, tandis que les préparatifs se faisaient réellement à Studianka.

Le 26 novembre, le passage commença sur deux ponts jetés à la hâte.

Le premier s'écroula.

Quelle confusion horrible, alors.

Au milieu de ce désordre, les Russes, encore les Russes...

Les Français se battirent en désespérés.

Dans ce moment suprême, Madeleine, le vétéran, Édouard, la jeune femme et les enfants furent, pour ainsi dire, portés par la foule sur la rive.

— Il faut passer ! s'écria Madeleine ; mourir écrasés, mourir dans les flots, mourir sous le feu de l'ennemi, c'est toujours mourir. Frère, du courage ! et adieu... Que nous arrivera-t-il, hélas ! »

Les enfants de l'honnête homme se jetèrent dans les bras l'un de l'autre, se tinrent un moment embrassés.

Oh ! que n'étaient-ils tous deux, seulement tous deux ! Ils se fussent pris par la main, se fussent élancés ensemble pour vivre ou mourir ; mais ne se point quitter !...

Plus généreux que nous, ils ne regrettaient point d'avoir des amis à protéger, à défendre.

La vivandière prit la main du vétéran.

Le fils de l'honnête homme prit la main de la jeune femme. Il portait la petite fille de la veuve, le dernier né, qu'elle pressait bien fort sur son sein.

— Du courage ! « cria Madeleine, et elle s'élança la première.

Au même instant, Napoléon donna l'ordre de rompre le pont, abandonnant cinq mille hommes sur l'autre rive. Le salut de l'armée l'exigeait.

On poussa en avant, on repoussa en arrière cette foule qui se pressait compacte, désespérée, furieuse...

Madeleine parvint à l'autre rive.

Mais le frère, hélas ! mais le frère...

En vain elle le chercha dans ces flots d'hommes qui s'agitaient autour d'elle...

En vain elle l'appela ; ses cris se perdaient au milieu de tant de cris confus, ses plaintes dans tant de plaintes, ses gémissements dans tant de gémissements...

Jusqu'au soir, elle erra sur la rive, ne quittant pas la main du vieux soldat.

Ils pleuraient tous deux, ils priaient tous deux, ils gémissaient tous deux.

Le malheureux Duval se laissa tomber enfin sur le sol glacé, vaincu par la faiblesse, l'épuisement et la douleur.

Madeleine alors eut un moment de découragement : bien convaincue que le frère était mort, elle pensa qu'elle aussi n'avait plus qu'à mourir. Elle se dépouilla de son manteau, en couvrit le vieillard, qui dormait déjà de ce sommeil précurseur de la mort, et, s'étendant à ses pieds comme sur une couche funèbre, elle ferma les yeux en pensant au père, à la mère, au frère, qu'elle croyait voir lui sourire du haut des cieux.

Peut-être Dieu fit un miracle.

Madeleine ne mourut pas...

Elle s'éveilla au matin dans les bras du vieillard, qui la nommait son enfant, son enfant bien-aimée, qui réchauffait dans ses mains ses pauvres mains tremblantes.

Une pensée d'espérance fit tressaillir alors le cœur de la jeune fille...

— Dieu est si puissant ! Dieu est si bon ! murmura-t-elle en se relevant courageuse ; il afflige ceux qu'il aime ; mais c'est pour les combler, après un peu de temps, de joie et de bonheur... Puisque je ne suis point morte de douleur, c'est que le frère n'est point mort... Marchons, père, marchons... Hâtons-nous... nous le retrouverons peut-être à la Briquette.

XI

Dans les premiers jours de février 1813, alors que la France était plongée dans le deuil et qu'elle armait encore trois cent mille de ses enfants, un cri retentit, un beau matin, dans le petit hameau de Saint-Denis-sur-Scie.

— Les enfants de l'honnête homme !...

On les avait aperçus sur la route d'Auffay marchant tristement, la main dans la main.

Tristement, car, disait-on, le frère n'a plus qu'une jambe. Madeleine, la bonne sœur, le soutient.

En un instant, les cabanes furent désertes. C'était à qui viendrait attendre les enfants de Pierre Durand à la croix des Trois-Chênes ; c'était à qui leur apporterait les premières consolations sur l'affliction et le malheur du frère.

— Donnons-leur des félicitations, et non des larmes, disait l'aveugle, que guidaient les deux jumeaux. Edouard revient infirme, c'est vrai : mais combien dorment du dernier sommeil sur la terre étrangère !

Et le bon homme ajoutait d'un ton tout joyeux :

— Hâtons-nous, Jacques et Jean ; c'est à la Croix que nous leur avons donné rendez-vous ; c'est à la Croix que je veux les bénir pour moi et la pauvre doyenne. Mais elle les bénira du haut des cieux, avec l'honnête homme et Catherine. »

Quand on vit paraître Madeleine et celui qu'elle conduisait, la bonne et courageuse fille ! un cri d'amour et de bonheur s'éleva du sein de cette foule, qui se pressait inquiète, empressée et avide au pied de la croix des Trois-Chênes, cri répété au même temps par deux ou trois cents voix ; car tous les habitants de Saint-Denis étaient là.

Mais ce cri expira bientôt sur toutes les lèvres ; on avait reconnu que ce n'était pas le frère...

La sœur revenait sans le frère...

Pauvre Madeleine !...

Alors il se fit un morne silence... On respectait la douleur, l'immense douleur de la jeune fille.

« Il nous attend à la croix des Trois-Chênes... » avait murmuré Madeleine en entendant le cri de joie.

« Il est mort... » balbutia-t-elle avec une indicible angoisse, quand le silence eut succédé à cette première exclamation.

Elle passa, la pauvre fille, le cœur brisé, le front pâle, les yeux noyés de larmes, les lèvres tremblantes et glacées, la tête douloureusement inclinée sur la poitrine, et la main toujours dans la main du vétéran, elle passa, au milieu des habitants de Saint-Denis-sur-Scie, dont la foule s'ouvrit et s'écarta devant elle, morne, compatissante et recueillie.

Si elle eût donné un seul regard à l'aveugle, au hameau, à toutes bonnes gens qu'elle avait nommés pères, mères, frères, sœurs, tout son courage l'eût abandonné, et elle avait besoin de tout son courage pour porter le poids de son immense douleur.

Elle ne s'arrêta qu'à la Briquette, où elle se laissa tomber, défaillante, au pied de la muraille qui portait ces paroles sacrées, le testament de l'honnête homme :

« Dieu châtie celui qu'il aime comme un père l'enfant qu'il chérit. »

. . . .

. . . .

. . . .

Un an avait passé.

On était en mai 1814...

Pendant cette année, que d'événements !

Le 15 avril 1813, Napoléon avait repris le chemin de l'Allemagne.

A Lutzen et à Bautzen, nos conscrits s'étaient battus en vétérans.

Dès le désastre de Moscou, les Prussiens s'étaient joints au Russes. Les Autrichiens et les Bavarois étaient bientôt après entrés dans la coalition contre la France.

A Dresde, soixante mille ennemis étaient restés sur le champ de bataille ; et pourtant Napoléon avait été repoussé.

A Leipsick, un combat de géant : trois jours de lutte sanglante et terrible. Les Wurtembourgeois et les Saxons nous avaient abandonnés dans le feu même de l'action, et avaient ainsi jeté dans nos rangs un désordre précurseur d'un grand désastre.

Les Français avaient dû reculer devant ce flot d'ennemis grossissant sans cesse, et ils avaient repassé le Rhin, après avoir illustré leur retraite par la victoire de Hanau

Et avait suivi :

L'invasion étrangère ;

Les grands corps, les gigantesques mais vains efforts de Brienne, de Champ-Aubert, de Montmiral, de Montereau ;

La capitulation de Paris (30 mars) ;

La déchéance de Napoléon ;

Le rappel des Bourbons.

C'était le 4 mai 1814.

Madeleine travaillait, assise sur la chaise que nous savons, dans l'embrasure de la petite fenêtre, la table auprès d'elle, et comme autrefois, les lettres du frère tout ouvertes sur la table : elle les relisait si souvent!

La jeune fille était calme, résignée ; mais on pouvait deviner à l'extrême pâleur de son visage, à la tristesse qui voilait son front, à la longueur de son regard, les souffrances de son pauvre cœur.

Elle avait repris ses œuvres de charité : c'était sa consolation sur la terre. Elle avait repris son travail ; sans travail, pas d'aumônes possibles. Et, d'ailleurs, il fallait donner du pain au vétéran qui vivait à la Briquette, et qui avait pour l'orpheline les soins, l'amour et le dévouement d'un père.

Le vieux soldat partageait son temps entre sa fille, c'était ainsi qu'il nommait Madeleine, et ses amis, tous les habitants du hameau. A ceux-ci, il redisait les gigantesques batailles de l'empire ; à celle-là, il ne parlait jamais que du frère.

C'était donc le 4 mai.

Ordinairement, Duval sortait dès neuf heures du matin et ne rentrait que pour dîner. Ce jour-là, il revint après moins d'une heure d'absence.

Si l'orpheline lui eût donné un regard, elle eût vu un sourire de bonheur errer sur les lèvres tremblantes du brave homme, elle eût vu ses petits yeux gris briller d'un éclat inaccoutumé ; mais, comme autrefois, l'orpheline comptait ses points et craignait de perdre une seconde.

— Eh bien! ma fille, dit le vieux soldat en se laissant tomber dans le fauteuil de l'honnête homme, hier Louis XVIII est rentré à Paris. »

La main de Madeleine chercha sur sa poitrine la croix qu'y

avait attachée Napoléon, elle la pressa avec douleur, et soupira tristement.

Duval donna quelques détails sur les cérémonies de la ville, il redit les nobles paroles de la duchesse d'Angoulême, cette fille infortunée du roi martyr, en passant sur la place de la Révolution, où avaient été immolés tous ceux qu'elle aimait ; et la fille de l'honnête homme pensa à sa douleur, à elle, si elle revoyait la Bérésina, le tombeau du frère.

— Mais, ce que nous ne savions pas, ma fille, ajouta-t-il en hésitant, c'est que Louis XVIII avait obtenu, avec les traités, la liberté de quatre vingt mille Français prisonniers en Russie.

— Que Dieu le bénisse ! murmura l'orpheline en essuyant de ses doigts tremblants les larmes qui perlaient sur ses joues pâles. « Ah ! pourquoi le frère n'avait-il point été fait prisonnier ! »

Au même instant l'aveugle entra.

— Père Nicolas, nous en reverrons, des braves ! s'écria le vétéran, des braves de la Moscowa, de la Bérésina...

Et il redit la nouvelle.

— Si le fils de l'honnête homme n'était point mort, murmura l'aveugle avec une vivacité qui ne lui était point habituelle, s'il avait été fait prisonnier !...

— Oh ! ne dites point cela, ne dites point cela, soupira Madeleine en laissant tomber son ouvrage et en se glissant à deux genoux au pied de la muraille du testament : je pourrais espérer... et la déception, après l'espérance, c'est... »

L'aveugle n'entendit pas ou ne voulut pas entendre. Il parla de la doyenne et de la prédiction de la doyenne à la croix du Grand-Chênes.

— Oh ! ne dites pas cela ! répéta l'orpheline en pressant ses deux mains sur son pauvre cœur qu'elle sentait se briser. Je croirais. . Et voyez-vous... je mourrais, si j'avais une fausse espérance.

— Dieu est si puissant! Dieu est si bon! firent à la fois le vétéran et l'aveugle.

— J'en mourrai!... j'en mourrai!... criait Madeleine d'une voix déchirante. Mon Dieu! le frère... »

Et elle tomba aux pieds du vétéran.

Madeleine n'était qu'évanouie.

Quand elle revint à elle, elle était dans les bras du frère...

Le frère, repoussé en arrière au moment du terrible passage, avait été pris par les Russes. La jeune femme et les enfants étaient morts dans les flots.

Le bon Dieu avait sauvé le frère pour la sœur et la sœur pour le frère...

Il est si puissant! Il est si bon!

Au 4 mai 1814, commencèrent de beaux jours pour les enfants de l'honnête homme, un bonheur dont ils jouissent encore aujourd'hui, car le bonheur du frère c'est la sœur et la Briquette; le bonheur de la sœur, le frère et la Briquette, et ils vivent ensemble dans la gentille maisonnette de briques de Saint-Denis-sur-Scie.

Et si l'on nous demande pourquoi ils ont tant pleuré, tant souffert, puisqu'ils étaient si bons, si sages, si vertueux, nous répondrons par ces paroles, testament de l'honnête homme, paroles saintes empruntées aux Ecritures :

« Dieu châtie celui qu'il aime comme un père l'enfant qu'il chérit. »

(*Proverbes III.* 12).

Limoges. — Imp. Marc Barbou et Cie.

www.ingramcontent.com/pod-product-compliance
Ingram Content Group UK Ltd.
Pitfield, Milton Keynes, MK11 3LW, UK
UKHW021040230726
13926UKWH00004B/1576